歴史からひもとく
竹島/独島
領有権問題

その解決への道のりー

坂本 悠一
Sakamoto Yuichi

JN093947

SHIMIZUSHOIN

目次

はじめに—なぜ今領土問題か

文部科学省「学習指導要領」と「固有の領土」

　皆さんは，普段使っている教科書がどのように作られているか知っていますか。現在の日本では，義務教育はもちろん高等学校においても，文部科学省の「教科用図書検定調査審議会」による「検定済教科書」が使用されています。教科書は，文部科学省が告示する，教育課程の基準である「学習指導要領」に基づいて執筆された原稿を各出版社が編集し，それに対して「教科用図書検定調査審議会」が修正意見を述べる「検定」によって厳格に審査されています。したがって「学習指導要領」が改訂されれば，それに合わせて教科書の内容も変更されることになります。「学習指導要領」はその時々に必要とされる学習内容が設定され，社会情勢や政府の方針もそこに反映されます。本書のテーマである領土問題についても同様です。しかし領土問題は国際問題でもあるため，「学習指導要領」や教科書の記述が，対立する相手国との摩擦を引き起こすことにもなりかねません。事実，かつて歴史教科書における戦争や植民地支配の記述を巡って中国（中華人民共和国）や韓国（大韓民国）との間で激しい外交対立が起こり，日本側も1982年11月24日に検定基準を改定し，いわゆる「近隣諸国条項」※1を盛り込むなど，対応を続けてきました。

　では，「学習指導要領」での領土問題の記述はどのように変化してきたので

※1　1982年6月に，高校日本史教科書の検定において，「文部省によって中国への「侵略」を「進出」と変更させられた」という誤報が広がったことから，同年11月24日に文部大臣が検定基準の改定を行って，「近隣のアジア諸国との間の近現代の歴史的事象の扱いに国際理解と国際協調の見地から必要な配慮がされていること」という条項を盛り込んだ。しかし，2013年4月24日の自民党教育再生実行本部特別部会は「本条項はその役割を終えた」として見直しを行うことを決定し，第2次安倍晋三内閣に廃止を求めた。歴史総合の新設を含む18年3月30日公示の「学習指導要領」の全面改訂によって，この条項は完全に消滅した。

しょうか。ここでは，中学校の「社会科」と高等学校の「地理歴史科」について見ておきましょう。戦後日本の社会科教育で領土教育と言えば，かつて多くの日本人が生活していた，いわゆる「北方領土」にほぼ限定されていました。例えば中学校社会科の「地理的分野」では，2008年告示の「学習指導要領」で，「北方領土が我が国の固有の領土である」（下線は筆者，以下同じ）とされていたのに対し，竹島や尖閣諸島については何ら言及されていませんでした。しかし，17年告示の「学習指導要領」では，「竹島や北方領土が我が国の固有の領土であること……尖閣諸島については我が国の固有の領土であり，領土問題は存在しない」というように，政府・外務省の見解がそのまま記載されています。ただし，こうした書き方は「地理的分野」と「公民的分野」に限定され，なぜか「歴史的分野」においては近現代史の「富国強兵・殖産興業政策」の一環として「国境の画定」が取り扱われ，「その際，北方領土に触れるとともに，竹島，尖閣諸島の編入についても触れる」との記述に留められています。

　次に，本題である高等学校の「学習指導要領」を見てみましょう。2009年公示の「学習指導要領」では，「地理歴史科」は「地理A」・「地理B」，「日本史A」・「日本史B」，「世界史A」・「世界史B」に区分されています。このうち領土問題については，「地理B」において「領土問題の現状や動向を扱う際に日本の領土問題にも触れる」としか記載されていません。しかし，18年3月に告示され，22年度施行予定の「学習指導要領」で新設された「地理総合」・「歴史総合」では，領土問題の記述が大幅に増えています。ただし，両科目ではその取り扱いが微妙に異なっています。まず「地理総合」では，「我が国の海洋国家としての特色と海洋の果たす役割を取り上げるとともに，竹島や北方領土が我が国の固有の領土であること……尖閣諸島については我が国の固有の領土であり，領土問

題は存在しないことも扱う」とし，中学校社会科地理的分野とほぼ同様の強い表現で拘束をかけています。しかし「歴史総合」になると，「日本の国民国家の形成などの学習において，領土の画定などを取り扱うようにすること。その際，北方領土に触れるとともに，竹島，尖閣諸島の編入についても触れる」としていて，政府が領土問題のキーワードにしている「固有の領土」という言葉を外しています。

日韓両国の歴史教科書

　では2009年の「学習指導要領」に基づいて作成され，検定に合格して実際に使用されている教科書の記述はどうなっているのでしょうか。多くの教科書では，まず明治初年の領土画定政策を説明するなかで，1869年の北海道開拓使の設置，1872年に始まる「琉球処分」，1875年の樺太・千島交換条約について述べ，続いて1895年の尖閣諸島編入，1905年の竹島編入に触れ，さらに戦後1952年発効のサンフランシスコ講和条約での千島列島の放棄について，その事実だけを淡々と叙述しています。

　ただ，一つだけ例外的な教科書があります。それは，いわゆる右派改憲組織の本流とされる「日本会議」※2の機関誌が「保守系唯一の高校日本史教科書」と自認している明成社版『最新日本史B』（2014年版）です。この教科書では，本

※2　1997年5月30日，「日本を守る会」と「日本を守る国民会議」が統合して結成された最大の右派改憲団体で，超党派の国会議員も加盟している。「押しつけ憲法の改正」とともに歴史教育分野を重要視している。既存の教科書を「自虐史観」と攻撃し，97年1月結成の「新しい歴史教科書をつくる会」と連携して，中学校歴史教科書の普及に尽力している。高校教科書についても，86年に原書房から『新編日本史B』を発行，2012年3月には明成社から『最新日本史』を発行し検定合格を果たしたが，採択は16年2月現在で推定4000冊に留まっている。

文ではなくコラム「日本の領土をめぐる問題」で，北方領土・竹島・尖閣諸島の順に各200〜300字で記載されています。採択率が極端に低いこともあるので，その竹島の部分を全文紹介しておきましょう。

　　島根県隠岐島の北西約157キロメートルに位置し，二島と数十の岩礁からなる。古くは松島と呼ばれた無人島で，江戸時代から日本人による漁業開拓がおこなわれていた。明治38年政府は正式に領有を確認し，島根県に編入した。昭和27年李承晩韓国大統領は，<u>国際法を無視して</u>沿岸から60海里までの主権を主張し，竹島もその中に含まれるとして<u>占領した</u>。以降，韓国は<u>不法占拠</u>を続けている。（振り仮名と（　）内を省略）

　下線部分の評価はともかくとして，歴史的事実の記述としては大きな誤りはありません。また，政府見解の「固有の領土」という表現は，北方領土・尖閣諸島の記述を含め見当たりません。それでも現行「日本史B」の教科書で，領土問題についてここまで踏み込んで記述しているものはほかにありません。

　では，韓国の高等学校の歴史教科書はどうなのでしょうか。これをくまなく調査した池内敏によれば[※3]，韓国の中・高等学校では「国史」という科目が歴史教育の根幹になっていましたが，高等学校では2004年度から「韓国近現代史」と「東アジア史」に分離されました。これらのうちで，池内本人が直接確認できた教科書のすべてに「独島」(独島は竹島の韓国での呼び名)の記述があり，「我が領土」もしくは「朝鮮領」と明記されていると言います。

　ただし，池内は最新の現行教科書については触れていないので，私が2019年4月に「東北亜歴史財団」（17頁）とソウル市立図書館を中心に調査したところ，

教科書の総数は「韓国近現代史」から変更された「韓国史」で8冊，「東アジア史」で7冊あり，いずれも各時代にわたって本文とコラムで独島についてかなり詳しく記述しています。近代部分では，後に述べる1900年の大韓帝国「勅令第41号」（88，113頁）と，1905年の大日本帝国政府の閣議決定による領土編入（90，113頁）を比較して，前者の正当性を強調しています。結論としては，すべてが「歴史的に韓国の領土」という主張ですが，意外にも「固有の領土」と記述しているのは「韓国史」「東アジア史」で各1冊だけでした。

　ここでは，一つだけとくに問題のある教科書の記述を紹介しておきます。そこには「独島は先史時代から我が民族が居住してきた固有領土である」（教学社『韓国史』，2015年）と記述されています。これを出版した教学社は，韓国版歴史修正主義，いわゆる「ニューライト」[4]の教科書を初めて刊行した出版社です。現在でさえ，常駐している海洋警察が近隣の鬱陵島からの補給に頼っている独島に，先史時代から「我が民族」，つまり朝鮮人の祖先が暮らしていたことは到底あり得ませんし，およそ「国家」なるものが存在しない時代に「固有領土」なるものが成立し得るのか，私がこの記述を紹介した東北亜歴史財団の研究員たちも，「これは問題です」と絶句したのでした。

ますます悪化する日韓関係

　この本を書いている2021年夏季の日韓関係は，1965年の日韓諸条約による

[3]　池内敏［2012］190〜191頁の付表8-2参照。

[4]　韓国のマルクス主義経済史研究者で，日本への留学経験のある安秉直（現ソウル大学校名誉教授）が提唱した「植民地近代化」理論を掲げて，2005年11月に「ニューライト全国連合」が結成された。1990年代後半の民主化以後の近現代史教科書を「左傾化傾向」として攻撃し，対抗して「代案教科書」の発行を提唱，13年8月に教学社版の『韓国史』が検定に合格した。

国交樹立以降で最悪の状態にあると言っても過言ではありません。その結果，日本が隣国である韓国に対し最も重要な貿易の分野で事実上の制裁を科すという，かつてない深刻な事態にまで至っています。関係悪化の原因の多くが，かつての大日本帝国による朝鮮植民地支配に起因する「慰安婦」や「徴用工」という，「戦後補償」の問題にあります。その核心は，日韓諸条約中の「請求権協定」※5が，植民地支配の被害者個人の損害賠償請求権を認定しているか否か，という問題に絞られます。日本政府の公式見解は，条約締結時のいわゆる「経済協力」によって2国間問題は解決済みで，個人への補償があるとすればそれは韓国側の国内問題だ，という立場です。対する韓国の裁判所が下した判決の多くが，協定によっても被害者個人の請求権は否定できず，日本政府や企業に賠償責任がある，としています。とくに戦時期に日本企業に動員された「徴用工」を巡って，2018年10月30日に韓国大法院（最高裁）が日本企業に対する賠償請求権を認定しましたが，21年6月7日にはソウル中央地方法院（地裁）の民事第34部が被害者原告らの集団訴訟自体を却下しました。

　さらに2021年1月8日には，「従軍慰安婦」らが日本政府に対して損害賠償を請求した訴訟について，ソウル中央地方法院が原告の提訴を認める判決を下し，日本政府側が控訴を見送ったため同月23日に確定しました。日本政府が法廷に出席せず反論もしなかった理由は，国際法上の「主権免除」※6により国家間の損害賠償請求権は相互に免責されている，というものです。ところが，4月21日には同じソウル中央法院の別の裁判官らが，この判決を覆す形で日本側の「主権免除」を容認し，「慰安婦」たちの請求を却下しました。こうした韓国内での司法判断の混迷に対する文在寅政権の対応が注目されています。

　植民地支配が終わってから70年以上が経過しており，直接的な被害者の多く

がすでに亡くなり，裁判の提訴者の多くはその子や孫の世代になっています。日本政府の対応に不満を持つ遺族たちは，さらに後の世代になっても提訴を続けるかもしれませんが，こうした個人の請求権には民法上の「除斥期間」^{※7}という問題もあって，今の状態が半永久的に続くとは考えられません。一日も早く多くの被害者が心から満足できるような和解を期待するほかありません。

　この請求権問題は，植民地支配の非清算が遺した，いわば「ヒト」の問題ですが，日韓間にはもう一つ，いわば「土地」の問題を巡る紛争，つまり領土問題

※5　一般法的な概念では「他人の行為に対して損害賠償を請求できる権利」のことを広く指すが，この場合は1965年6月22日に日韓両国政府が締結したいわゆる「日韓請求権協定」が対象とした，植民地支配の期間に両国と国民の相互に生じた利益と損害を相殺する協定を指す。具体的には，第1条に規定された①3億ドルの生産物・役務，②2億ドルの長期低利貸付の供与を条件として，第2条に「両締結国及びその国民の財産・権利・利益並びに請求権に関する問題が……（サンフランシスコ条約第4条a項に規定のものを含めて）完全かつ最終的に解決されたこととなる」との文言がある。その後，大日本帝国による「国家総動員」で被害を受けた韓国国民の請求権が無効化されたかどうかの解釈を巡り，両国政府と司法の判断が対立している（詳しくは太田修［2015］を参照）。

※6　主権国家は相互に対等なので，ある国が他の国の裁判権に無条件に服する義務はない，とする慣習国際法の法理のこと。ただし，近年ではグローバルな国際間商取引の拡大により，この過程で生じた損害賠償請求権は相互に容認し合うといった判例もある。また第二次世界大戦中にナチス・ドイツがイタリアやギリシャで行った虐殺行為に関しては，これを対象外として加害者に刑事罰を科したり，被害者に賠償を認めたりする判例も出現している。これを国際人権法の新たな法理として評価する弁護士（山本晴太「時代遅れの『主権免除』論─韓国「慰安婦」訴訟判決」『世界』No.942，2021年3月）も存在する。他方では，慣習国際法の過去に遡っての適用には慎重であるべきで，これらの判例はまだ慣習法として定着していないという通説（水島朋則『主権免除の国際法』名古屋大学出版会，2012年）も依然として有力である。なお，2004年12月の国連総会で採択された「国家免除条約」は，今なお未発効のままである。

※7　一般的には「一定の期間内に権利を行使しなければ，その権利が消滅することを法が定めている期間」のことを言う。民法や刑法のいわゆる「時効消滅」とは区別され，請求権の場合は「除斥期間内に請求すれば，除斥期間後も存続する」との解釈もあり，事案ごとに司法の具体的判断に委ねられている。

があります。このブックレットは，高等学校で有権者予備軍として「歴史総合」
を学ぶ高校生が，竹島／独島領有権紛争の歴史，現状，そして将来の解決策を考
える時の指針となることを願って書いたものです。「領土とは何か」という基
本的な問題をはじめ，世界史，とくに欧州での領土問題の歴史，日本が抱えてい
る他の領土問題などを含めて，問題の性質をより広い時間軸と空間軸を組み合
わせた歴史的視野から見ることができるように心掛けました。

　第1章では，竹島／独島を巡って今どのような問題が生じているのかを確認
します。第2章では領土の定義や「固有の領土」という言葉について検討し，第
3章では日本の領土の成り立ちを見ていきます。第4章では，植民地と領土拡張
を巡る近代日本の歴史を朝鮮との関係を中心にたどります。これらを踏まえ，
第5章では領有権問題の直接的な背景となる竹島／独島を巡る歴史の推移を，
具体的な史料とともに見ていきたいと思います。

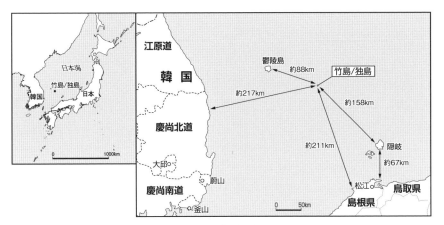

図1　竹島／独島の位置

図2　竹島／独島全景

1. 竹島／独島を巡る日韓両国の主張とその争点

（1）日韓両国の公式見解

●

　まず問題の竹島／独島とはどこにあり，何が争われているのか，見ておきましょう。日本政府外務省のホームページ（HP）^{※1}には，「女島（東島），男島（西島）の2つの島とその周辺の数十の小島からなる群島。隠岐諸島の北西約158km，北緯37度14分，東経131度52分の日本海上に位置している。島根県隠岐の島町に属する。総面積は約0.20km²」とあり，さらに詳しい解説が韓国語を含めて12か国語でなされています。そのさわりの「日本の一貫した立場」として「竹島は，歴史的事実に照らしても，かつ国際法上も明らかに日本固有の領土です。韓国による竹島の占拠は，国際法上何ら根拠がないまま行われている不法占拠であり，……法的な正当性を有するものではありません」とあります。

　これに対し韓国政府外交部のHP^{※2}を見ると，「大韓民国の美しい領土独島」という動画とパンフレットが，日本語を含めて10か国語でダウンロードできるようになっています。パンフレットに掲載された地図には，「日本海」ではなく「東海」と記された海域に小さな島があり，鬱陵島からの距離が87.4km，隠岐島からの距離が157.5kmと記載されています。そして「大韓民国政府の基本的な立場」として，「独島は歴史的にも地理的にも国際法的にも明白な大韓民国固有の領土です。独島をめぐる領有権紛争は存在せず，独島は外交交渉及び司法的解決の対象になり得ません」と書かれています。日本とはまったく正反対の

※1　http://www.mofa.go.jp/mofaj/area/takeshima/index.html　下線は筆者による。

※2　https://dokdo.mofa.go.kr/kor/　下線は筆者による。

記述で，海の名も島の名も異なり，まさに「取り付く島もない」ありさまですが，共通する用語として「固有の領土」が使用され，韓国側にだけ「地理的」という用語が使われています。それが「不法占拠」であるかどうかはともかく，現在韓国側のいわゆる「実効支配」[3]のもとにあるという客観的事実は日韓双方がともに認識しています。

　では，こうした政府外交機関以外に，この問題に関する情報を発信しているところはあるのでしょうか。まず日本では，内閣官房に「領土・主権対策企画調整室」があり，先に見た外務省の見解をHP[4]にアップするとともに，領土問題全般についての情報収集や提供を行っています。以前は独自の調査や研究を行っていませんでしたが，2015年度の民間委託事業として，「竹島に関する資料調査」を実施しました。責任者は島根県竹島問題研究顧問の藤井賢二で，6名の委員が資料調査と研究を行い，調査報告書は2017年5月12日に内閣官房のHP[5]で小冊子として公開されています。

　また，このほかに地方自治体レベルのものとして，2005年3月制定の「竹島の日を定める条例」[6]によって設置された「島根県竹島問題研究会」がありました。日本国内で竹島問題の調査・研究を恒常的に行っているのはこの機関だけで，これまでに第1期（2005～07年），第2期（2009～12年），第3期（2012～15年），第4期（2017～20年）と継続され，各期の「中間」および「最終」報告書を刊行してきましたが，21年3月末をもって廃止されました。ただし，これらの報告書は今でもネット上で閲覧できます[7]。この機関の成果としては，地元の旧家などに所蔵されていた江戸時代の文書・地図などを収集して公開したことが挙げられます。しかし，研究委員はすべて外部有識者で（当時の座長は下條正男拓殖大学教授・現島根県立大学客員教授），専任の研究職員はいませ

んでした。また研究報告書や一般向けの雑誌[8]などを通じて、各委員が独自の資料を駆使して研究してはいたものの、結論はみごとにすべて「日本固有の領土」に統一されていました。

　では、対する韓国ではどうなのでしょうか。同国では、独島問題の調査・研究を行う国立機関が複数あり、専門の常勤研究員を配置して日常不断に活動しています。その代表的なものが教育部の傘下にある「東北亜歴史財団」[9]で、法律によって2006年9月に設立された研究機関です。研究対象は東北アジアの歴史全般にわたりますが、とくに独島問題は重要視され、08年8月には同財団内に「独島研究所」が開設されて、所長をはじめ複数の研究員が在籍しています。最新の図書目録では、個人の著作である独島問題関連書籍も20冊を超えています。独島領有問題に関する財団の公式見解は政府外交部と同じですが、各研究者の個人著作では多様な研究が保証されているようです。ただし、独島が韓国領ではないという見解には、お目にかかったことはありません。

　ソウル市内には、児童向けの教育・啓発施設として同財団が運営する「独島体験館」もあり、VR技術を駆使し「独島は我らが地」という歌も流しながらの

※3　一般のマスコミ報道などでは厳密な定義なく慣用される場合が多いが、国際法学者の最新の解説によれば、「①継続的に、②平穏に、③主権を、④公然と行使している場合の領土支配」を指す（許淑娟［2016］73頁）。

※4　http://www.cas.go.jp/jp/ryodo/index.html

※5　https://www.cas.go.jp/jp/ryodo/report/takeshima.html

※6　2005年2月22日が、第5章で述べるように大日本帝国政府と島根県が竹島を領土編入してから100周年に当たることを契機に制定された。

※7　http://www.pref.shimane.lg.jp/admin/pref/takeshima/web-takeshima

※8　例えば第3期竹島問題研究会［2014］。

※9　公式ホームページはhttp://www.nahf.or.kr/main.do

図3　独島グッズ　写真はDVDとスカーフ。2019年10月12日、「竹島の日を考え直す会」が大阪市内で開催した講演会で，独島財団から参加者全員に無料で配布された。

展示が行われています。その他の国立機関としては，海洋水産開発研究院・独立記念館などがあり，地方には独島研究所や国境研究所といった専門研究機関を持っている大学があります。また，独島のある鬱陵郡を管轄する慶尚北道立（キョンサンブクド）の機関として，道庁所在地の大邱市（テグ）に「独島財団」[10]があり，韓国内だけでなく日本でも積極的な情報発信を行っています。さらに鬱陵島には「独島博物館」があり，「独島＝韓国領」とする常設展示を行っています。このように，韓国における独島問題に関する調査・研究はまさに国家ぐるみで組織的に行われ，その情報発信能力は質・量ともに日本をはるかに凌ぐ（しの）ものとなっています。さらに追記すべきは，北朝鮮（朝鮮民主主義人民共和国）も韓国とほぼ同様の領有権主張を行っていることです[11]。今後日朝間交渉が開始されるとすれば，必ずやこの問題にも触れざるを得なくなることでしょう。

（2）領土問題が炎上する時

●

　このように日韓両国の主張は真っ向から対立し，すれ違ったままではありますが，このことが両国の日常的な交流や国民の生活に直ちに影響を及ぼすようなことは，基本的にはありません。「基本的」と言うのには，もちろん例外があるということです。例えば，私は鬱陵島までは3回行っていますが，独島に上陸したのは2018年9月の1回だけなので，その成功率は3分の1になります。それまで独島に上陸できなかったのは，簡単に言えば「独島は韓国領土だ」との意思表示を明確にしなかったからです。そのうちの1度は，3名の日本人と同行しました。その際，このツアーの韓国側の主催団体から「Dokdo is Korean Territory」というTシャツを着用するように促されたのを無視すると，乗船券を取り上げられ，海洋警察官から羽交い絞めにされて軽傷を負う羽目も経験しました[12]。こうした経験から，18年9月にはそのようなプラカードなどを掲げて行った訳ではありませんが，もしもの場合に備えて「日本政府は竹島の領有権を放棄すべし」という結論の論文の韓国語要旨[13]を用意して行きました。韓

※10　http://www.koreadokdo.or.kr/member/page.html

※11　代表的な著作としては，조희승・황명칠 [2007] "독도이야기（独島物語）"사회과학출판사（社会科学出版社，평양・평壤）がある。日本語に翻訳されている文献としては，「独島は永遠に朝鮮の神聖不可侵の領土である」（『統一評論』No.527〜529，2009年9月〜11月，原文は朝鮮労働党機関紙『労働新聞』同年7〜8月）がある。

※12　その際の動画とインタビューは，https://sp.nicovideo.jp/watch/sm20941910を視聴されたい。ちなみに，この顚末を記したエッセイも参照されたい（『青丘文庫月報』No. 293，2018年11月1日，https://www.ksyc.jp/sb/20181101geppou.pdf）。

※13　坂本悠一 [2016] 36頁。

図4　独島に駐留している海洋警察部隊員の生活物資を頂上の隊舎まで運搬するロープウェイ　貼り付けられた看板には「墜落注意　不注意による事故に対しては責任を負わない」と書かれている。なお著者の目測では，積み荷の約半分は観光客からの「差し入れ」と見られる。

国側の旅行社で乗船券を予約しておいたため，幸いにも乗船場でのパスポートの提示だけで，手荷物検査もなく無事に上陸を果たすことができました。

　しかし日本政府の立場からすると，日本国民がこうしたルートで「日本固有の領土」へ訪問することは「自粛」ないし「要注意」事項とされており，外務省のHPでもわざわざ注意喚起しています。ただし，現状ではこのルートしか竹島／独島に行く方法はありません。事実，過去に私と鬱陵島まで同道し，先に述べたTシャツを着て現地で派手なデモンストレーションをした3名の日本人は，帰国時の入国審査で「二度とこのような経路での入境をしないように」との警告書を手渡され，当時の菅義偉官房長官も遺憾の意を表明しました※14。そして，約1週間後に私の自宅にも近畿公安調査局の職員が訪れ，「事情聴取」と称して当時の事実関係についてあれこれと質問しメモして帰りました。

　以上は個人のレベルに及ぼす規制ですが，これが国家的な規模の対立の激化につながることも，たまには起こります。近年の具体例としては，2012年8月

図5　竹島に上陸した韓国の李明博大統領（左から3人目，2012年）　太極旗〔テ グッ キ〕（韓国国旗）が描かれた標石は，2008年7月29日に韓昇洙〔ハンスンス〕国務総理（首相・当時）が訪問した際に設置された。

10日に当時の李 明 博〔イ ミョンバク〕大統領がこの島を初めて訪れた時のことが挙げられるでしょう。日本政府（当時は民主党政権）はこれに猛烈に抗議し，駐在韓大使を一時帰国させるという事態になりました。この出来事は，このような領有係争地では，自国の政府トップが自国の実効支配する島を訪問するということ自体がすでに国内問題ではなく，国際問題になるということをよく示しています。

　この領土問題の政治化は，当時日本が自由民主党政権でなく民主党政権だったから起こったのでしょうか。それは偶然であって，民主党政権（2009年9月〜12年12月）になってとくに外交方針が急変した訳ではありません。外務省のHPなども自民党政権時代と変わっていませんでした。つまり，自民党と民主党の立場は，日米安保体制を外交・安保政策の基軸とする点では共通しており，

※14 https://sp.nicovideo.jp/watch/sm20941910

政権が交代しても領土政策の転換は起こり得なかったと言えるでしょう。

　では長い戦後政治史のなかで，一度も政権与党に参加したことのない日本共産党が，もし政権を奪取するか，所属議員が入閣したとすればどうなるのでしょうか。共産党は将来的な日米安保条約の廃棄を政策にしているようですが，試しに同党のHPで確認してみましょう。「竹島問題」に関する同党の最新の見解は，2012年8月10日に李大統領が独島を訪問した直後に志位和夫委員長が出したものです。当日の談話[※15]では，「竹島の領有権を日本が主張することは，歴史的な根拠がある」と言っていますが，他方で「この島の日本への編入がおこなわれたのが1905年であり，すでに日本が韓国を武力でもって植民地化していく過程であり，韓国の外交権は奪われていたことも考慮して，韓国の主張もしっかり検討する必要がある」とも述べています。さらに，志位委員長は8月20日の「ニコニコ動画」で，「歴史的にも国際法的にも日本の領土」と言いながらも，「植民地支配への真剣な反省のうえに，お互いに冷静に事実をつき合わせ共同研究をやったらどうでしょうか」と述べています[※16]。政府や他党との比較では，「固有の領土」という用語を使わないこと，また「朝鮮植民地化」という歴史的視点を考慮しているところに違いがあると言えます。

　また，2016年8月15日（韓国が日本の植民地支配から解放された記念日である「光復節（クァンボックチョル）」）には，韓国の与野党国会議員10名が独島を訪問し，現地の海洋警察部隊を激励し市民団体とも交流して，領有権をアピールしました。これに対して日本側の採った行動としては，自民党国会議員を中心とした「日本の領土を守るため行動する議員連盟」の活動に注目すべきです。17年2月22日（竹島の日）付で，「『竹島に上陸した国会議員に対する公開質問状』に対し，予想される韓国側の回答の例，歴史的事実・国際法に基づく回答の例」をネット上

にアップしています※17。その内容は，比較的冷静に日韓の主張を比較検討した想定問答と評価できます。ただ，韓国側からの回答は拒否され，質問状は12月25日に返送されてしまいました。

　また，2019年7月23日早朝に，合同軍事訓練中の中国空軍の爆撃機とロシア空軍の警戒機が，独島周辺の防空識別圏（ADIZ）に侵入する「領空侵犯」をしたため，韓国空軍機がスクランブル出動し警告射撃を行うという事件が起こりました。日本は竹島周辺をADIZに含めていないため，自衛隊は特段の対応は採りませんでした。この事件に関する主要メディアの報道内容を比較してみましょう。全国主要4紙（『朝日新聞』・『毎日新聞』・『読売新聞』・『産経新聞』）と共同通信・時事通信は，すべてが地名を「島根県竹島（韓国名・独島）」と報じており，『読売新聞』と『産経新聞』は「日本固有の領土」と表記し，前者は「韓国が不法占拠している」とまで書いています。他方，共産党機関紙『しんぶん赤旗』には，時事通信から転載された記事が計3点あります。先に発信された2点では原文にあった「島根県」の部分を削除して転載していますが，菅義偉官房長官の動向を報じた3点目の記事で「島根県竹島領空」と明記しており，編集に混乱していることがうかがえます。

　なお韓国側では，2008年7月30日に「独島防衛訓練」と称する軍事演習を始めて公開で実施しました。これには海軍艦艇・空軍航空機・海洋警察部隊が合同で参加し，ほぼ毎年2回定例化されています。日本政府はその度に抗議を繰り返していますが，最近では2021年6月15日にも実施されました。

※15　https://jcp.or.jp/web_policy/2012/08/post-470.html
※16　志位和夫［2012］21〜36頁に収録。
※17　https://www.shindo.gr.jp/2019/04/5_takeshima

他方で，海洋警察部隊（海洋水産部の部局）は，1990年5月に日本の海上保安庁とSAR協定（Agreement on Search and Rescue Regions）を締結しています。これは海難事故の際の捜索救助を共同で実施する国際的枠組みで，具体的には2007年10月2日に，韓国側東海地方海洋警察庁（江原道東海市）と日本側第8管区海上保安本部（京都府舞鶴市）が初めての訓練を実施し，2021年6月11日には通算14回目を実施しました。このような日韓の協力体制に鑑みれば，そもそも領土を軍事的に防衛するということ自体が望ましいことではないので，沿岸警備を本務とする海洋警察部隊の軍事的対応には自制が求められるべきです。

　また，2019年8月31日には韓国の国会議員6名（うち4名が文在寅政権与党の「共に民主党」に所属）が独島を訪問し，「独島断固守護」のパフォーマンスを行ったことが報じられました。これに対し日本側でも，同年5月11日に「戦争をしてでも北方領土を取り返すべき」と発言して日本維新の会を除名され，国会でも6月6日の衆議院本会議で全会一致の「糾弾決議」を受けた丸山穂高衆議院議員が，8月31日当日にまたしても「竹島を戦争で取り戻すべし」とTwitterに投稿するなど※18，近年，日韓両国はナショナリズムの悪循環に陥っており，なかなか関係改善の糸口を見出せずにいます。

※18 twitter.com/maruyamahodaka

2. 領土とは何か

（1）国家の成立とその支配領域

●

　そもそも私たちにとって，「領土」とは何なのでしょうか。なぜ私たちは領土を巡ってナショナリズムを搔き立てられてしまうのでしょうか。

　現在はすべての国が当たり前に持っている領土ですが，約20万年と言われる現生人類の歴史を振り返ると，決して古くからあるものではありません。一言で言えば領土とは国家の領域のことですから，国家がなければ領土も存在しません。その国家もまたそれほど古いものではなく，世界で最古の国家とされるエジプト第1王朝の成立は紀元前3000年頃と推定されています。また，この頃の中東には，広大な領土を支配するアッシリア帝国が成立していました。東アジアでは紀元前1600年頃，中国の黄河流域に殷王朝が古代専制国家として登場します。この段階になると，国家は強大な王権のもとに一定の領域とそこに住む人民を支配します。しかし，こうした国家は統合と滅亡を繰り返し，安定した「領土」や「国民」を継続的に支配していたとは言えませんでした。

　私たちが生活する近代国家は，15世紀にヨーロッパ人が新航路を拓き新大陸に到達して以降，植民地から人間と原料を収奪した西欧諸国に成立する「近代国民国家」[※1]（Nation State）を起源としています。とりわけ英国では，王権に制限を加える「市民革命」と，機械制大工業による「産業革命」によって，国

※1　確定した領土に成立する国際関係の主体としての国家体制。歴史的起源は，17世紀ヨーロッパの絶対主義国家を打倒した市民革命を経て，諸国家において教育や参政権の拡大など，権利と義務の行使を通じて国民としての帰属意識（identity）が形成された。こうした同質性を前提とした国民意識は国家間の戦争によってより強固なものになり，とくに単一民族国家において顕著で排外的なナショナリズムを生み出す傾向が高い（西川長夫［1998］を参照）。

家権力が一定の領土と国民を安定的に統治するシステムが成立しました。また、欧州大陸では王政を打倒してフランス共和国が、北米大陸でも「合衆国」という、植民地から発展した共和制国家が生まれました。やや遅れてドイツ、ロシア、イタリアでも帝政または王政の近代国家が誕生します。1933年12月26日にアメリカ大陸の諸国が調印した「モンテビデオ条約」[※2]では、国家の成立要件として、①永続的住民、②明確な領域、③政府、④外交能力が挙げられ、これが現代国家のいわば共通定義とされています。これら近代国民国家による領域支配の権利（Territorial Title）は、「歴史的権原」[※3]もしくは「原始権原」として、例えば戦争の際にも尊重されるべきものとして扱うとされています。

　しかし、これらの諸国家は、近代国民国家がまだ成立していなかったアジア、アフリカ、ラテン・アメリカの地域を次々に植民地とし、本国の面積を大きく上回る領土として編入します。その場合に本国の「原始権原」を超えて新たに領土を拡大する形式として、①先占（Occupation）、②時効（Prescription）、③割譲（Cession）、④併合（Annexation）、⑤征服（Conquest）、⑥添付（Accretion）がある、とされています。これらのうち、①の「先占」が最もスタンダードな領土拡大の手段とされました[※4]。そこで、これらの諸国による植民地獲得を巡る紛争を防止するために、植民地大国間の行動規範として定められたのが、いわゆる「近代国際法」です。その端緒は古く、1494年にローマ教皇が、スペインとポルトガルによる新領土獲得範囲を裁定したトルデシリャス条約があります。しかし本格的な起源は、神聖ローマ帝国と欧州領邦国家間の三十年戦争（1618〜48年）の講和であるウェストファリア条約[※5]だと言われています。これが西欧諸国間の戦争や植民地支配のルールとなりましたが、本格的な多国間条約は1885年2月26日に欧州14か国が調印したベルリン一般議

定書※6でした。これは主としてアフリカ大陸の分割に関する帝国主義列強の利害調整を図って結ばれたもので、そこでは当時盛んに実行されていた先占取得に「通告」が義務付けられました。それまでは、原住民の居住地は「取り放題」で、各自が勝手に「無主地」（Terra Nullius）として植民地を拡大していたのです。ただし、この先占にも、「通告」だけでなく一定のルールがありました。それは「先占の要件」と言われ、①その主体が国家であること、②その客体が無主の地であること、③国家が領有の意思を持った行為であること、④実効的な占有としての地方的権力の確立、の4点が慣習的に合意されていました※7。

　さらに、侵略戦争と植民地支配が違法化され、ほとんどすべての独立国が国際連合に加盟している現代では、「時効」や「割譲」を行う余地も事実上なく

※2　正式名称「国家の権利及び義務に関する条約」（スペイン語：Convención Sobre Derechos y Deberes de los Estados）。ウルグアイのモンテビデオで開催された第7回パン・アメリカ会議で、アメリカ合衆国・メキシコ合衆国以南の計17か国が調印し、即日発効した。国家の要件とともに第11条で国家領域の相互不可侵を規定した。

※3　ある領域に対して長期にわたって国家が法的な統治行為を及ぼし、他国の黙認によってその状態が継続し、国際法上も広く認識されるに至った国家の権原のこと。日本における古典的研究としては太壽堂鼎［1998］を、近年の研究としては許淑娟［2012］を参照。

※4　太壽堂鼎［1998］17～86頁。

※5　1645年6月からドイツのヴェストファーレン地方で開催された講和会議において、48年10月24日に調印された多国間条約。これにより近代ヨーロッパの国際秩序の基礎が確立された。

※6　ベルギーのアフリカ侵出を契機として、プロイセン宰相ビスマルク（Otto Eduard Leopold Fürst von Bismarck-Schönhausen, 1815～98）が欧米列強14か国を勧誘して1884年11月15日からベルリンで開催した長期会議（ドイツ語：Kongo-Konferenz）で調印された。ベルギー領コンゴの地理的範囲を画定し、同地域での自由航行と貿易、原住民の保護、奴隷売買の禁止、交戦時の中立などを確認した。また、アフリカ大陸における列強の既得権益を保証し、新たな領域取得には通告を義務付けた（米国のみ未批准）。

※7　太壽堂鼎［1998］57～62頁。

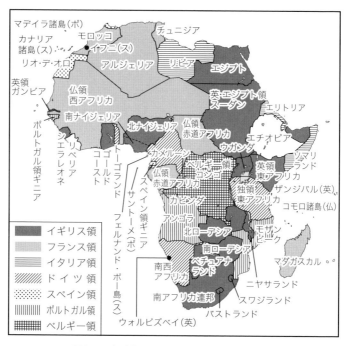

図6　西欧列強のアフリカ大陸分割（1914年）

なり，「無主地」は南極大陸に限定されています。将来の新領土の取得可能性と
しては，海底火山の噴火による新しい島の出現，つまり「添付」くらいでしょう。

　こうした近代国際法の体系化を試みた学者としては，まずオランダのグロ
ティウス（Hugo Grotius, 1583〜1645）が挙げられます。彼は海洋の自由や
戦争の正当性を理論化し「近代国際法の父」と呼ばれています。次に，いわば「現
代国際法の父」とも言えるのが，ドイツ人のオッペンハイム※8（Lassa Francis
Lawrence Oppenheim, 1858〜1919）です。彼は従来の諸学説を集大成し，
1905年に刊行された英語の主著『国際法』初版は，その後も文字通りグローバ
ル・スタンダードの国際法テキストとなっています。彼らによって確立された

学説では，近代国際法の「法源」が重要なテーマですが，それは一般的には前近代以来の条約と慣習に基づくと理解されています。ただしオッペンハイムの『国際法』初版では，近代国際法の受容国家（Family of Nations）を，①古来のヨーロッパ・キリスト教国，②ヨーロッパ以外のキリスト教国（例えばアメリカ合衆国），③非キリスト教国で国際社会への加入を認められた諸国（例えばオスマン帝国と大日本帝国）の三つに区分し，それ以外の独立国であるペルシャ（イラン）・シャム（タイ）・清国（しんこく）・大韓帝国（テ ハンチェグッ）・アビシニア（エチオピア）などは「文明国」ではあるものの国際法の適用範囲外と認定されました[9]。

　最近になって，竹島／独島問題のオピニオンリーダーとも言える朴炳渉（パクビョンソプ）が，この学説を援用して，当時の大韓帝国は国際法の対象国家ではないから近代国際法を適用すること自体が不当である，との論考を発表しています[10]。彼が参考文献として挙げているのは，オッペンハイムの原書初版と，国際法学者柳原（やなぎはら）正治（まさはる）の著作[11]です。しかし，柳原は『国際法』の初版本だけを典拠に論述していて，後の改訂版における記述の変更を無視しています。すなわち，第2版（1912年）では「韓国併合」により韓国は削除され，第3版（1920年）では第一次世界大戦の結果，日本が国際連盟に加入したことで「五大強国」として記載されています。このように，国際法の学説も現実の国際社会の変化とともに進化しているのです。朴論考の内容については，第5章で改めて検討します。

※8　ドイツのフランクフルトに生まれ，1900年に英国に帰化。19世紀を代表する国際法学者で，その主著“International Law”［1905-06］は今日なお改訂増補され，出版が続けられている。

※9　L. Oppenheim [1905] “International Law: A Treatise”, Vol. I. Peace, pp. 33-34.

※10　朴炳渉 [2017]。

※11　柳原正治 [2019] 22頁。

（2）国際法による「領土」「領海」「領空」

●

　それでは，「領土」は実際にどうやって決められているのでしょうか。先ほど領土は国家の領域であると述べたように，領土と言うからには，まずその国の土地の範囲がおおもとですが，日本のように周囲を海で囲まれている国にとっては，支配権の及ぶ海洋，つまり「領海」も陸地に劣らず重要となります。また，20世紀に入って人間が飛行機で空を飛び回れるようになると，国家の支配権の及ぶ空域である「領空」の範囲も欠かせなくなりました。これらの領域は，最初は各国が独自に法律などで決めていましたが，グローバル化が進む現代では多国間の条約で世界共通のルールが定められるようになりました。まず狭義の「領土」，つまり陸地については自明のこととして，特段の問題のある地域を除いて，その「原始権原」の及ぶ地域とし，特別の法的定義はありません。ただし，次に述べる領海との関連で，海岸については「低潮線」（＝領海の基線），つまり干潮時の陸地から内部が「領土」となります。

　次に「領海」の定義については，世界的には15世紀に始まる「大航海時代」以降，西欧諸国間で諸説がありましたが，一般的には自国の領土を防衛するための海岸長距離砲の飛距離として3～6海里を採用する国家が多く，実際には3海里（約5.6km）とする国が主流を占めて国際慣習法となっていました。しかし，第二次世界大戦直後の1945年9月28日に，トルーマン（Harry Shippe Truman，1884～1972）米大統領が，自国の海洋資源保護を目的とした「大陸棚主義」による水産資源保護を一方的に宣言しました[※12]。

　この宣言を契機として，中南米などの同調する各国が主張を闘わせた結果，

国連国際法委員会の勧告により，1958年2〜4月にスイスのジュネーブにおいて海洋法会議[13]が開催されました。その後も会議が重ねられ，82年4月30日に至って「海の憲法」とも言われる包括的な諸条約（海洋法に関する国際連合条約＝UNCLOS）[14]が調印されました。その要点は，①海岸基線から12海里（約22km）を「領海」とすることができる，②領海の外側12海里に「接続水域」を設定することができる，③海岸基線から200海里（約370km）を「排他的経済水域（Exclusive Economic Zone＝EEZ）」と宣言することができるなどであり，これら以外の海洋が「公海」とされました。

　領海内では当該国が「領土」に準ずる排他的主権を持ちますが，外国船には無害通航権（沿岸国の平和や秩序を害さない限り，その領海を通航できる権利）が承認されます。なお，湖沼や港湾など領海に囲まれた水域は「内水」とされ，外国船の無害通航権が認められないなど，領土に準じた扱いになります。また接続水域においては，当該国が物品の輸出入や人々の出入国管理において規制権を行使できます。EEZ内では，当該国が天然資源の探査・開発・保全などの経済的領域について優先的な権利を持ちますが，他国の船舶の航行は無条件に，

※12 Truman Proclamations on Ocean Politics。①「大陸棚地下および海床の天然資源に関する政策（大統領政策宣言No.2667）」で，自国沿岸に隣接する水深183mまでの大陸棚の資源をその管轄下に設定できること，②「公海水域における沿岸漁業に関する政策（大統領政策宣言No. 2668）」で，自国沿岸に隣接する公海に「保存水域（Conservation Zones）」を設定して漁業資源の保護ができること，を内容とする。

※13 この会議では「大陸棚に関する条約」（1958年4月29日採択，59か国，64年6月10日発効）や「漁業及び公海の生物資源の保存に関する条約」（1958年4月29日採択，39か国，66年3月20日発効）が採択された。その内容は1994年の海洋法条約に実質的に組み込まれた。

※14 第3次国際連合海洋法会議で採択され，1994年11月16日に発効した条約で，2018年末現在EUを含む167か国が批准している。全13部計320条に及び，世界の海洋に関するあらゆる分野を網羅した包括的な憲章的文書である。

また，漁獲管理についても条件付きで，これを承認する義務を負っています。ただし米国は未（いま）だにこの条約に調印していません。また近年では政治・軍事的に台頭の顕著な中国が，南シナ海で人工島を造成して周辺国と紛争を起こしています。これに対し国連常設仲裁裁判所（ICJ，オランダ・ハーグ）は，2016年7月12日に海洋法条約違反との判決を出しました。しかし中国当局は無視し，21年2月1日には「海警法」を施行し，「管轄海域」なるものを設定して，東シナ海周辺海域にも侵出を続けています。

　日本政府は，この条約成立前の1977年5月2日に「領海法」で基線から12海里（特定4海峡※15は3海里）とし，併せて200海里を「漁業専管水域」とする漁業水域暫定（ざんてい）措置法も公布していました。また96年7月には，UNCLOSの発効と同時に低潮線に沿った領海線を島嶼（とうしょ）などの地形に合わせて簡略化した「直線基線」を採用した改正領海法を公布し，翌97年1月に施行しました。これによって日本の領海付近で操業していた韓国漁船が，海上保安庁の巡視船に拿捕（だほ）される事件が頻発する事態となりました。また2020年12月には，米海軍第7艦隊が対馬（つしま）海峡周辺で「航行の自由」作戦を実施し，日本側の領海設定に異議申（もうし）立（たて）をした，と報じられました。さらにUNCLOS成立以降の国際的な海洋開発競争の進展を背景として，「海洋の平和的かつ積極的な開発及び利用と海洋環境の保全との調和を図る」ことを謳（うた）った「海洋基本法」を07年4月27日に公布し，内閣官房に総合海洋政策本部を設置しました。そして08年以降，計3次にわたり「海洋基本計画」を閣議決定しました。ちなみに現在の日本政府の主張による領土面積は内水を含めて約38万km^{2}ですが，領海は約43万km^{2}で，これにEEZを含めた海洋を合わせると約447万km^{2}となります。陸地面積は世界で60番目ほどですが，海洋面積を含めると世界第6位の「海洋大国」なのです。

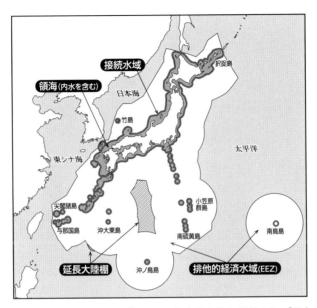

図7　日本が設定している領土・領海・EEZ　海上保安庁公式HPより。「日本の領土」と言っても，西端の与那国島（沖縄県与那国町）の西崎を除いて，北端の択捉島，東端の南鳥島，南端の沖ノ鳥島は一般の民間人が自由に入域できる訳ではない。

　最後に「領空」については，1919年10月13日のパリ国際航空条約に「領空主権」が明記され，さらに44年12月7日，米国シカゴでの「国際民間航空条約」[16]で再確認され，日本政府も53年7月1日に加盟を承認されました。その定義は，①水平的境界は領土と領海の上空，②垂直的境界は「宇宙空間より下方」

※15　幅員の狭い宗谷・津軽・対馬（東西水道）・大隅の4海峡。

※16　締結時は第二次世界大戦中であったため，調印したのは連合国と中立国の計52か国であった。戦後の1947年1月1日に発効し，「国際民間航空機関（ICAO）」が国際連合社会経済機関の専門機関として発足した（本部はカナダ，モントリオール）。逐次の改定を経て2018年末現在の加盟国は192か国となり，世界の民間航空を全面的に統括している。要点は当事各国の領空主権を確認して，非武装の民間航空機の航行の安全を保障することであり，航空機の能率的な運航のための世界標準規則や航空機事故の調査の手続きについても詳細を定めている。

とされていますが，②については「大気圏内」や「航行可能高度」など諸説があって，未だに画定を見ていません。66年12月19日の国連宇宙条約は，宇宙空間の軍事利用を禁止しています。しかし，米ソ冷戦時代の83年3月には，当時のレーガン（Ronald Wilson Reagan, 1911〜2004）米大統領が「戦略防衛構想（SDI）」に着手し，宇宙空間で使用できるミサイル兵器の開発を実行したことがありました。また，近年の「新冷戦」と言われる国際情勢のもとで，中国やロシアも「宇宙軍」や「ロケット軍」を新設し，米トランプ政権も2019年12月20日に「米国宇宙軍（US Space Force）」を新設しました。日本政府もまた，20年5月18日に防衛大臣直轄の「宇宙作戦隊」を編成しました。なお，領空防衛のための防空識別圏（ADIZ）※17や航空機の「管制空域」などは，これらとは別に定められます。また1992年3月24日には，民間航空のために領空通過を認める「領空開放（Open Skies）条約」も25か国で調印され，2002年1月から発効していますが，20年5月21日に米国が脱退を表明し，11月22日に正式に離脱しました。さらにロシアも21年6月から脱退の動きを見せています。

（3）「固有の領土」という用語は世界で通用するか

●

　すでに見たように，日本政府は竹島／独島をはじめ，「北方領土」や尖閣諸島についても，概念を厳密に定義しないまま「固有の領土」という用語を使用しています。実は「固有の領土」という用語は東アジア特有の言葉で，最初に使用した国は日本でした。それも「北方領土」について，日ソ平和条約交渉中の1955年12月7日に鳩山一郎（1883〜1959）首相が，衆議院予算委員会の答

弁で「戦争中に生じた<u>日本固有の領土</u>の領土占領等は，当然に解決しなければ
ならない」[18]と述べたのが最初だとされます。その具体的な内容としては，
1855年2月7日調印の日露和親条約，1875年5月7日調印の樺太・千島交換条
約いずれにおいても，択捉・国後両島はロシアの領土とはならず，一度も他国
の領土にならなかった，という意味が込められているようです。

　この用語の背景には，重要な歴史的根拠があったことが分かっています。そ
れは，第二次世界大戦最末期の1945年7月，まさに大日本帝国の崩壊を目前に
して，近衛文麿（1891〜1945）元首相を使者として和平の斡旋をソ連に求め
ようとした時に，その領土交渉のカードとして酒井鎬次（1885〜1973）[19]に
よって立案された「固有本土」という用語です。その具体的な地域は「最低限
沖縄，小笠原，樺太を捨て，<u>千島は南半分を保有する程度</u>」[20]とされていました。
千島列島の南半部は，まさに現在の「北方領土」の範囲に相当します。

　ここまでは個人の発言・発意に過ぎませんでしたが，1956年10月19日の「日
ソ共同宣言」[21]を挟んで，62年3月の第40回国会では衆参両院ともに「日本固

※17　Air Defense Identification Zone。国際法的な根拠はないが，無通告で自国の領空に侵入する
　　　航空機を認識し，防衛上必要な措置を取ることが可能な空域として各国が独自に設定している。
※18　「第23回国会衆議院予算委員会議録第2号」（昭和30年12月7日）12頁。https://kokkai.ndl.
　　　go.jp/#/detailPDF?minId=102305261X00219551207&page=1&spkNum=0&current=1
※19　退役陸軍中将（陸士18期）。仏国駐在武官，パリ講和条約実施委員，国際連盟代表委員などを歴任。
※20　伝記編纂会［1952］（下）502頁。
※21　1956年10月15日に鳩山一郎首相と河野一郎（1898〜1965）農相を全権代表としてモスクワ
　　　に派遣し，ソ連側のフルシチョフ（Никита Сергеевич Хрущёв, 1894〜1971）共産党第一
　　　書記との会談が19日に妥結し，鳩山とブルガーニン（Николай Александрович Булганин,
　　　1895〜1975）首相が調印した。内容は，①戦争終結宣言，②大使館開設，③抑留者の送還，④
　　　漁業条約（締結済み）の発効，⑤日本の国連加盟支持で，12月12日に批准書が交換された。領
　　　土問題については，米国のダレス国務長官（97頁）による強い牽制もあり，「平和条約締結後
　　　に歯舞群島・色丹島を返還」との曖昧な文言となった。

有の北方領土回復に関する決議」を採択するに至りました。その後は，65年4月の第48回国会と73年9月の第71回国会で「北方領土返還に関する決議」を採択し，以降，95年6月の第132回国会までの間に合計8回にわたり「北方領土問題の解決促進に関する決議」を採択し続けてきました。そして81年1月6日に当時の鈴木善幸（1911〜2004）内閣は，1855年の日露和親条約の締結日である2月7日を「北方領土の日」とする閣議決定を行い，翌1982年8月31日には「北方領土問題等の解決の促進のための特別措置に関する法律」を公布（1983年4月1日施行）しました。さらに，2009年7月10日に同法の一部改正が公布され，それまで第1条でたんに「北方領土」としていたのを，「北方領土が我が国固有の領土であるにもかかわらず」との文言を挿入したのです。しかもその国会審議では，衆参両院ともみごとに全会一致でこの改正案を可決成立させました。さらに，党の公式見解では「全千島列島の返還」を要求している共産党まで，この法案に全議員が賛成しているという事実も見過ごせません※22。

　それでは，日本との領土問題を抱える相手国では「固有の領土」をどのように表現しているのでしょうか。「固有」はもともと漢字語で，中国の古典である『孟子』と『易経』※23に由来しますから，中国や台湾ではもちろんそのまま「固有的領土」と表記されます。では，韓国と北朝鮮ではどうでしょうか。両国ともに現在はハングル表記になっていますが，もともとは漢字文化圏ですから，やはりそのまま「고유영토」（固有領土）と表記されます。

　非漢字文化圏のロシアではどういう用語が使われているのでしょうか。実はロシア語にも「固有」に類似する単語として'неотъемлемый'（「不可欠の」という形容詞）がありますが，領土に関しては旧ソ連時代から一貫して使用されていません。この「固有の領土」は欧米の言語には翻訳不可能で，外務省当局

はその英訳に苦心惨憺[さんたん]して'integral part'（不可欠な部分）とか'inherent territory'（本来の領域）とかを造語して体裁を取り繕[つくろ]おうとしています。対するロシア側は，「第二次世界大戦の戦勝の結果獲得した主権領域（'Суверенная Территория[ティリトゥーリア]'）」としており，論争は噛[か]み合っていません。最近では，日本政府も『外交青書』2019年版でこの「固有領土」という記述を削除しましたが，2020年版（2020年5月19日発行）ではたんに「主権を有する島々」とするなど，迷走を続けています。ロシアでは20年7月4日に「領土不割譲」条項を含む憲法改正が発効しました。なお，1945年2月11日にソ米英間で調印された「ヤルタ協定」[※24]の英語正文では，樺太南部は「返還(return)」，千島列島は「引渡(handed over)」と区別して記載されていました。

（4）近代ヨーロッパ諸国の領土の変遷

●

　ヨーロッパ諸国では近代の「国民国家」が成立した後も，最近に至るまで戦

※22　一連の詳しい経過については，外務省［2021］を参照。

※23　中国の儒教の古典である，いわゆる「四書五経[ししょごきょう]」として漢字文化圏に広く伝播[でんぱ]している。①『孟子』の「告子上」巻に「孟子曰……仁義礼智，非由外鑠我也，我固有之也」と書いて，「孟子曰く……仁義礼智は，外より我を鑠[しゃく]する〔輝かせる〕に非ざるなり，我これを固有するなり」と読み下す。②『易経』の「益[えき]」巻に「象曰，益用凶事，我固有之也」と書いて，「象に曰く，益に凶事を用ふればとは，固く之を有[たも]つ也」と読み下す。始めからある，元からある，その物だけにある，持ち前の，などの意味。

※24　1945年2月4〜11日にソ連クリミア共和国のヤルタで開かれたソ米英の首脳会談で調印された秘密協定。ドイツ降伏後のソ連の対日参戦条件として，①サハリン島南部のソ連への「返還」，②クリル列島のソ連への「引渡」，③満洲の港湾・鉄道利権の譲渡などが約束された。英語正文は，"The Conferences at Malta and Yalta 1945"（"FRUS" Vol. X, 1955）p.984に収録。

争の度ごとと言ってよいくらいに領土の変更が頻繁にありました。「固有の領土」という用語がヨーロッパであまり通用しないことには，そうした歴史的背景もあると考えられます。それでは近代以降のヨーロッパにおいてどのような領土の変更があったのか，簡単に見てみましょう。

　18世紀末にフランス革命が起こると，そのなかから台頭したナポレオン（Napoléon Bonaparte, 1769〜1821）が，対外戦争の結果，ヨーロッパの大半を支配しました。しかし彼が失脚すると，8か国が参加してヨーロッパの政治体制を協議するウィーン会議を開き，各国をフランス革命前の領土・体制に戻すことを原則として，1815年6月9日にウィーン議定書に調印しました（図8）。

　当時のヨーロッパには，広大な領域内に多民族を抱える帝国や，逆に小国が分立する地域もありましたが，こののち民族運動が高揚し，19世紀を通じて新たな独立国や，歴史・文化・言語などを共有する「国民」を統合した国民国家が生まれることになります。例えば，バルカン半島ではギリシャをはじめとする諸国がオスマン帝国からの独立を果たし，ドイツとイタリアはそれぞれ19世紀後半に統一国家の建設を実現しました（図9）。

　20世紀に入ると，バルカン半島の民族問題に端を発して第一次世界大戦（1914〜18年）が始まりました。この戦争で敗戦国となったドイツは大幅な領土縮小を迫られ，オーストリア＝ハンガリー帝国とオスマン帝国は解体，さらに大戦中に起こったロシア革命によりロシア帝国が倒れた結果，ヨーロッパには八つの独立国が生まれました。1922年12月には4つの共和国からなるソヴィエト社会主義共和国連邦が樹立されました（図10）。

　その後，経済的混乱が続いたイタリアとドイツでファシズム・ナチズム勢力が台頭し，それぞれ対外侵略を開始します（図11）。イタリアは，1924年2月に

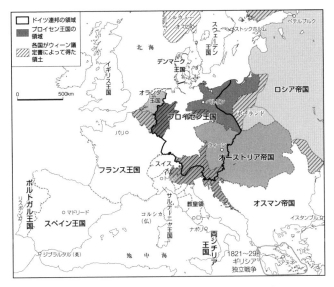

図8　ウィーン会議後のヨーロッパ（19世紀初頭）

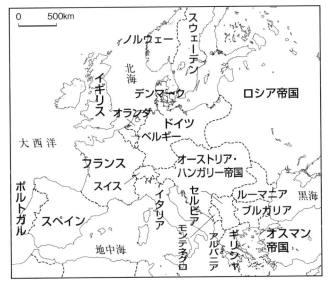

図9　19世紀後半のヨーロッパ

図10　第一次世界大戦後のヨーロッパ（20世紀前半）

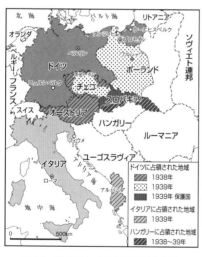

図11　ドイツとイタリアの対外侵略

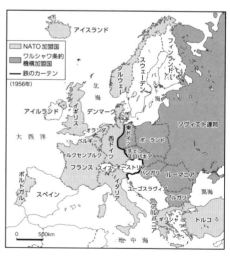

図12　冷戦期のヨーロッパ

フィウメを併合，26年7月にアルバニアを保護国化し，39年4月には併合しました。ドイツも，38年4月にオーストリアを併合，39年3月にチェコを領有し，スロバキアを保護国化しました。

　そして1939年9月1日，ドイツのポーランド侵攻をきっかけに第二次世界大戦が始まり，45年には日独伊を中心とする枢軸国側の敗戦で終結しました。ドイツ領だった「東プロイセン」（ケーニヒスベルク）はソ連領の飛び地カリーニングラードとなり，イタリアの占領下にあったアルバニアは44年11月に解放され，46年1月に共和国として独立，フィウメは47年2月にクロアチア社会主義共和国（ユーゴスラヴィア社会主義連邦共和国構成国）に帰属しました（現在はクロアチア領リエーカ）。

　第二次世界大戦後は，米ソ冷戦がヨーロッパにも影響を与えます。ドイツは戦勝国である米英仏ソ4国による分割統治ののち，1955年から90年に至るまで東西に分裂することになりました（図12）。そして89年に冷戦が終結すると，91年12月のソ連解体によってバルト三国やウクライナ，ベラルーシなどの独立国が誕生しました。また，ユーゴスラヴィアでは民族対立が再燃し，91年以降，長期にわたる内戦を経て，現在この地域は7か国に分裂しています。

　このようにヨーロッパは，200年ほどの間の主なものに限っても，これだけの領土変更を繰り返してきました。とくにドイツや東欧諸国の領土はめまぐるしく変わっています。世界的に見れば「固有の領土」などと呼べるものが普遍的に存在する訳ではないのです。

　一方，日本ではどのような領土の変遷があったのでしょうか。果たして「固有の領土」があるのかどうか，次章で考えていきたいと思います。

3. 日本の領土の歴史的変遷

（1）前近代日本の領土

●

古　代

　中国の史書によれば，紀元前後の「倭国」は百余国に分立し激しく抗争していたとされます。この時代は考古学上では弥生時代に相当し，稲作が普及し各地の首長が富と権力を握って人民を支配しますが，日本列島全域を支配する強大な国家はまだ成立していませんでした。北九州にあった奴国が中国の後漢王朝に朝貢し，現在国宝に指定されている「漢委奴国王」という金印を受け取ったのは，紀元後57年のことです。また，「邪馬台国」が中国のいわゆる『魏志倭人伝』に記載されるのが，184年のことです。実在が確認できる最初の天皇は，『古事記』・『日本書紀』（「記紀」）で第26代とされる継体天皇（在位507〜531）で，当時は「大王」と称されていたものが，天武天皇（在位673〜686）の時代に至って「天皇」号が定着したとされています。大王を中心とする近畿地方の「大和政権」は5世紀末ないし6世紀初頭に成立したと考えられています。

　この大和政権が607年に中国に遣隋使[1]を派遣した際，国書のなかで自らを「日出スル処ノ天子」と称します。これは，それまで中華帝国によって「東夷」とされてきた地位を，周辺の冊封国[2]と区別し自立志向を図ったものなのです。

※1　中国の隋王朝（591〜619）時代に日本から派遣された公式使節。『隋書』にはすでに600年に日本からの使者について記録されているが，『日本書紀』では608年の小野妹子（？〜？）の派遣が初出である。614年までの期間に，合わせて4回が確認できる。

※2　中華帝国の皇帝が臣下を藩国として封じたことに始まり，周辺諸民族の君主とも君臣関係を構築した。冊封された君主は朝貢と軍役の義務を負うが，外敵の侵攻に際しては防衛が保障された。この冊封体制は，漢代に成立し，唐の滅亡により崩壊するが，明代には復活し，清代には日本とインドを除くアジア全域の国際支配秩序となった（西嶋定生［2002］参照）。

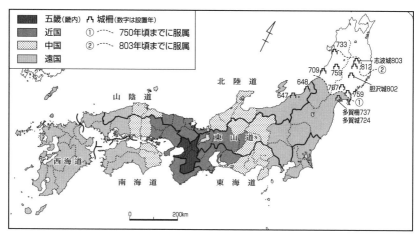

図13　古代中央政府の支配領域（8世紀）

　ただ一方では，遣唐使[※3]を送って中国の律令制度を積極的に移入して国家体制を整えていきました。

　朝鮮半島に対しては，百済を支援するため派兵しましたが，663年に白村江で新羅・唐連合軍に大敗し，その後，統一新羅王朝（668〜938）には遣新羅使[※4]を派遣していました。朝鮮の諸王朝がごく一時期を除いて長きにわたって独自の元号を持てなかったのに対し[※5]，日本は孝徳天皇（在位645〜654）が即位した645年に「大化」という元号を定めました。その後は一時的に途絶えましたが，文武天皇5（701）年に改めて「大宝」という新元号を定め，以来今日に至るまで連綿と継続し，世界でも稀な事例となっています。

　では，この政権の支配領域はどの程度だったのでしょうか。参考になるのが「記紀」に書かれた「国産神話」で，「大八洲」を国の領域としています。具体的には，①淡路，②四国，③隠岐，④九州，⑤壱岐，⑥対馬，⑦佐渡，⑧「豊秋津

洲」＝本州となります。しかし，本州と九州については，その全域を支配下に置いていた訳ではありません。東北地方の全域が「蝦夷」[6]と呼ばれたアイヌ，および大和政権に帰順していない和人の生活領域でした。そこで，8世紀末になると，朝廷は坂上田村麻呂（758〜811）を征夷大将軍に任命して胆沢城（現在の岩手県）を攻略し，延暦2（802）年に鎮守府を開設しました。また九州では，種子島・屋久島と五島列島はもちろん，南部の薩摩・大隅（現在の鹿児島県）の全域と日向（現在の宮崎県）の一部は「隼人」と呼ばれる人々の支配する地域でした。しかし，養老4（720）年，大隅で反乱が起きると，朝廷は征討軍を派遣し鎮圧，延暦19（800）年に薩摩・大隅に班田収授法を施行し，律令体制に組み込みました。

※3　中国の唐王朝（618〜907）時代に日本から派遣された公式使節。合わせて18回計画され15回渡航したが，首都長安（現在の陝西省西安）にまで到達したのは13回（683〜838）に留まる。白村江の戦い以前は朝鮮半島，以後は九州から直接長江河口付近へ向かうルートで渡海した。遣隋使と比較すると最大人員約500〜600名と大規模で，日本からの献上品と引き換えに先進的な文物を大量に入手して，その文化的影響は極めて大きかった。

※4　新羅は4世紀中期に興隆してきた朝鮮半島最古の王朝の一つで（史伝ではB.C.57年建国），百済（B.C.18？〜660）に続いて高句麗（B.C.37？〜668）を滅亡させ，最初の統一国家となった。地理的に日中の間に位置し，大和政権もその存在を重視して678〜779年の間に合計22回にわたる非公式使節を送り続けた。

※5　高句麗や新羅，高麗が独自の元号を用いた時期もあったが，いずれも断続的で基本は宗主国である中国暦を用いた。

※6　古代中華帝国の華夷秩序による「夷狄」の概念を「大和政権」域外の北方先住民族であるアイヌに適用した呼称。中央政府は，彼らの居住地である北海道・千島（クリル）列島・樺太（サハリン）を「蝦夷地」としてその土地と人民を支配しようとした。以下，アイヌの歴史については本シリーズ⑤坂田美奈子『先住民アイヌはどんな歴史を歩んできたか』（2018年）を参照。

中　世

　平安時代も末期になると朝廷の支配は地方には及ばなくなり，私有地である
荘園を防衛する武士が各自でその統治領域を拡大していきました。そして，関
東地方で有力であった 源 頼朝（1147〜99）が，建久3（1192）年に征夷大
将軍に任ぜられ名実ともに鎌倉幕府を樹立すると，これを機に日本は朝廷と幕
府が東西を二分する分裂国家となりました。

　当時の日本の領域を見ると，北端は津軽半島の「外ヶ浜」と言われる地域で
したが，十三湊を拠点とする安東氏が幕府に服属し，「蝦夷沙汰代官」（室町期
に「蝦夷管領」）として蝦夷地（現在の北海道。アイヌはアイヌモシリ＝「アイ
ヌの土地」と呼んでいた）の渡島半島に移転しました。その後，安東氏から分
家し，1457年のアイヌによるコシャマインの蜂起を鎮圧した蠣崎氏4代目の季
廣時代（1545〜82年），「道南十二館」と呼ばれた地域に「和人地」を設定し
ました。これは1593年，豊臣秀吉によって承認され，さらに1604年には江戸
幕府が蠣崎氏から改姓した松前氏に支配を認めて，のちの松前藩となりました。

　また幕府は，討幕をねらった朝廷との戦いに勝利すると西国への支配領域を
拡大し，承久3（1221）年，京に六波羅探題を開設しました。なお，寛仁3（1019）
年に沿海州（現在のロシア極東）の女真族による「刀伊の入寇」※7がありまし
たが，九州北部沿岸で撃退されています。さらに，13世紀後半には2度にわたる
「蒙古襲来（元寇）」※8が続き，モンゴルと高麗の連合軍が侵入しましたが，同様
に撃退されました。その後，永仁元（1293）〜同4（1296）年にかけて幕府は
北九州に鎮西探題を開設し，防備と支配を強化しました。

　文保2（1318）年に即位した後醍醐天皇（在位1318〜39）は，足利尊氏
（1305〜58）らの武士の力を借りて，元弘3（1333）年に鎌倉幕府を滅亡させ

ました。しかし，尊氏が離反し，暦応元（1338）年，北朝の光明天皇（在位1336〜48）から征夷大将軍に任命され，京で室町幕府を成立させました。

　室町幕府の支配領域では，明徳3（1392）年に南朝勢力を吸収統一するまで不安定な状況が続きました。しかし，建武2（1335）年に鎌倉御所（公方），延元元（1336）年に九州探題，正平元（1346）年に奥州探題（管領）などを支配地に設置し，関東地方と甲斐（現在の山梨県）・伊豆（現在の静岡県と東京都）を直轄支配しました。

　南方では，沖縄島は未だ室町幕府の支配が及ばす，三山鼎立時代を経て，1429年に第一尚氏がこれを統一して琉球王国[9]を建てました。

※7　東北アジアに住んでいたツングース系の女真族が高麗を襲撃した後，対馬・壱岐を経て北九州の筑前・肥前（現在の福岡県・佐賀県・長崎県）海岸に上陸した。鎌倉幕府は大宰府を拠点に防衛体制を敷いたが，死者365名・連行者約1300名の被害を出した後ようやく撃退した。こののち女真軍は高麗軍によって殲滅され，拉致されていた日本人約300名が日本に送還された。

※8　モンゴル（大元）帝国の皇帝（大汗）となったクビライ（在位1260〜94）が，南宋・高麗への外交圧力を強化する一環として，日本に服属を求めたが，鎌倉幕府は御家人らを動員して抗戦体制を備えていた。元軍はモンゴル人に女真族・高麗人・漢人を加えて遠征軍を編成し，朝鮮の馬山浦から出撃した。文永11（1274）年10月，まず対馬，次いで壱岐を攻撃して制圧した後，筑前沿岸で幕府軍との激戦が展開されたが，元軍は突然撤退した（文永の役）。その後，幕府は沿岸に防塁を築造して防衛を強化していたところ，弘安4（1281）年5月再び元軍が襲来して博多湾で幕府と交戦したが，閏7月1日に強い台風に遭遇し，壊滅的な打撃を被って撤退した（弘安の役）。これが後世になって「神風」として人々の間に広まった。

※9　現在の沖縄本島では，14世紀に三王国が鼎立していたが，1372年に中山，80年に南山，88年に北山の各王国が相次いで明朝に入貢した。1404年に中山王武寧（在位1396〜1406）が「琉球国王」として冊封され，29年に尚巴志（在位1422〜39）が三山を統一して「琉球王国」を建てた。70年には尚円（在位1470〜76）が第二尚氏王統を拓き，72年には明朝の冊封を獲得した。首里城を拠点に，第3代の尚真（在位1477〜1527）時代には宮古・八重山の先島諸島にも支配を及ぼした。その後，1537〜71年には奄美群島に侵攻しほぼ全域を服属させ，奄美から先島までを含む統一国家を確立した。室町幕府と明国に併せて進貢し，15〜16世紀には東南アジアとも交易し，「万国津梁（万国の架け橋）」の王国として最盛期を迎えた。

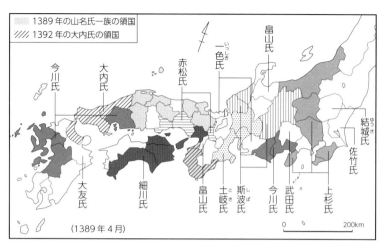

図14　室町時代の守護の配置

　14〜17世紀は，室町幕府3代将軍足利義満（1358〜1408）が中国の明朝から「日本国王」として冊封を受けて以降，公式・非公式の通商として「勘合貿易」※10が盛んに行われました。しかし他方で日本・朝鮮・中国の周辺海域を跨いだ海商＝海賊集団，いわゆる「倭寇」※11による密貿易が盛んでした。この頃には九州北部に多くの「唐人町」が成立し，貿易を仲介しました。こうした人々の活動は，室町幕府や明朝など諸国の中央政権の弱体化とともに活発化しており，国家や民族の枠組みを超えて行われました。日本国内でも地方の大名が力を付け，元亀2（1571）年にはキリシタン大名大村純忠（1533〜87）による長崎の開港とポルトガル船の寄港が始まり，天正7（1579）年には長崎港の一部区域をポルトガルへ寄進することまで行いましたが，寄進地は87年に豊臣秀吉（1537〜98）によって回収されました。各地の大名との戦いに勝利し天下を統一した秀吉は，海賊行為の禁止や「太閤検地」の実施などにより，本州・

四国・九州を一元的に掌握するようになったのです。

　豊臣秀吉は，続いて明国への侵攻を目指して朝鮮侵略に乗り出し，1592〜93年の「文禄の役」と97〜98年の「慶長の役」※12で，全国の武将を総動員して海路で侵攻しました。しかし，明軍の参戦や民衆義兵の蜂起によって，日本側は苦戦に追い込まれ，撤退せざるを得なかったのです。

近　世

　江戸時代に入ると，幕府によるいわゆる「鎖国」の時代として，外交・通商が断絶したようなイメージを描きがちですが，完全な絶交状態ではなく，これはキリシタン（ローマカトリック教会の信徒）禁令と一体となったものでした。

※10　室町時代の日中貿易。明国が民間人の海外渡航や海上貿易を禁じた海禁政策を採用し，日本船の入国に対して証明書として「勘合」の所持を義務付けた。1404〜1547年の間に合計17回派遣され，日本側からは馬・硫黄・銅などが輸出され，明国側からは銅銭や生糸・織物などが輸入されて，その利益は極めて大きかった。

※11　一般的には朝鮮半島・中国大陸・東南アジア地域で活動した密貿易や海賊行為を行う集団のこと。「倭寇」とは呼ばれたものの，1350年以降に活動した「前期倭寇」の主力は高麗王朝の朝鮮人で，これに対馬・壱岐・五島などの日本人も参加した。16世紀に入ると，明国の貿易統制のすき間を衝いて活動する「後期倭寇」（主に中国人）が，中国の浙江省・福建省・舟山群島，日本の五島列島などで活動した。

※12　朝鮮側では発生した年の干支によって「壬辰・丁酉倭乱」と呼ばれる。豊臣秀吉は1587年の九州征服で事実上の「天下人」となると，「大唐・高麗・南蛮」の制覇を野望とした。対馬の宗氏を通じて朝鮮に対して明国への侵攻を手引きするよう要求し，肥前名護屋（現在の佐賀県）を拠点に全国の武将を動員して92年4月に約16万の軍勢を朝鮮半島に上陸させた。朝鮮国王は首都漢城から逃亡して明国に援軍を求め，各地で「義兵」も反攻した。96年9月には日明間の和約が成り，日本は明の冊封を受ける形となったが，それを不満とした秀吉は，97年1月に再侵攻を決意し14万の軍勢を動員したものの，98年8月の秀吉の死去により12月に日本軍は撤退した。この戦闘期間を通じて日本軍の残虐行為は朝鮮人に広く知られ，日本に拉致された儒者や陶工の末裔を含めて民族的トラウマとして後世に伝えられた。しかし，日本側では逆に「朝鮮征伐」などという日本の行為を正当化する言説が伝えられ，両国の歴史認識に乖離が生じた。

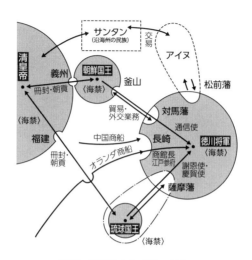

図15　近世日本の「四つの口」

したがって，その禁令の対象とはならない諸国や地域との通交はきちんと維持
されていました。それがいわゆる「四つの口」で，蝦夷地とは「松前口」，朝鮮
とは「対馬口」，明国・清国とオランダとは「長崎口」，琉球王国とは「薩摩口」
のルートを通じて結ばれていました。以下，それぞれの状況を見てみましょう。

　蝦夷地では松前藩による「和人地」と，従来のアイヌ居住地を「蝦夷地」と
する区分ができていましたが，アイヌ民族に対する酷使や虐待は止まず，1669
年にシャクシャインの蜂起が起き，幕府に鎮圧されました。さらに18世紀前期
には，和人による支配はアイヌの生業を指定した商人に請け負わせる「場所請
負制」という仕組みで行うようになりました。これにより，アイヌ民族は肉体
労働者として厳しく搾取され，1789年にはクナシリ・メナシの蜂起という大規
模な反乱が起こりましたが，松前藩が鎮圧しました。これを受けて幕府は東蝦
夷地を直轄領とし，そこでは場所請負制を廃止しました。また，ロシア帝国の南

下も著しく（67頁），1771年には得撫島まで到達したロシア人とアイヌとの間
で紛争も発生しました。幕府は北方の支配や国防を強化するため，18世紀末か
ら19世紀にかけて，千島（クリル）列島や樺太（サハリン）の探査も行いました。
そして，1855年2月7日には日露和親条約が締結され，択捉島以南を日本領と
し得撫島以北をロシア領とする，初めての国境条約となりました。ただし，樺太
には国境線は設定されず，日露両人民の雑居地とされました。

　朝鮮王国との交流は，対馬藩を通して行われました。朝鮮からは，300〜500
名の官吏で構成される正式な外交団として，朝鮮通信使※13が，将軍の代替わり
の際などに派遣されました。使節は1607年から合計12回にわたり漢城と江戸
を往復しました。その人数は多い時（1711年）で約500名と大規模になりまし
たが，日朝双方にとって財政的負担も重く次第に尻すぼみとなり，最後の1811
年は対馬止まりとなりました。

　キリスト教禁教政策により最も厳格な統制が実施されたのが，「長崎口」です。
長崎はもともとポルトガルとの交易のために開港されたのですが，キリシタン
禁令により1636年に出島を築いて同国人を押し込めました。しかし，39年に
はポルトガル人をすべて追放し，41年に平戸のオランダ商館をそこに移転させ
ました。出島は完全に閉鎖地域となり，厳しい監視が加えられました。他方，中
国では明から清への政権交代がありましたが，幕府は清国との正式な国交を結

※13 古くは室町時代の1375年に高麗からの使節が倭寇の禁圧を求めて来日した先例がある。朝鮮
　　王国期に入ってからは，足利将軍に対して1413〜79年に6回，豊臣政権時には戦争と講和につ
　　いて1590・96年の2回来日した。江戸時代には17世紀に7回，18世紀に4回，19世紀に1回来
　　日した。使節は，漢城から国書と進物を携え，陸路を経て釜山を出帆した後，対馬・壱岐・赤間
　　関（現在の下関）・大坂から淀川を遡って京で上陸し，東海道を江戸までたどった。沿道では諸
　　大名が護衛と接待を担い，宿所では文人・学者との交流も行われ，文化的な影響も大きかった。

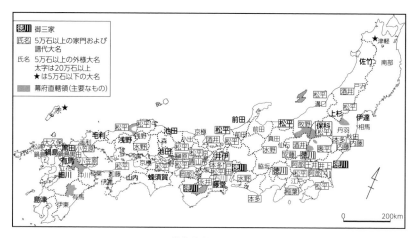

図16　幕藩体制下の大名配置図

びませんでした。対清貿易についても34年に長崎のみに限定し，さらに88〜89年にかけて長崎に唐人屋敷を開設して，出島に準じて厳しく管理しました。

　最後に，「薩摩口」についてです。1609年に薩摩藩が琉球王国に侵攻すると，敗れた琉球側は11年に奄美群島を薩摩藩に割譲した結果，同地では薩摩藩の直轄支配が開始されました。しかし，琉球と中国の関係では冊封体制が維持され，琉球国王の代替わりに際して冊封使を派遣することや朝貢貿易も継続して行われました。幕府との関係でも，将軍の代替わりには「慶賀使」が，国王の代替わりには「謝恩使」が，首里（現在の那覇市）と江戸を往来しました。前者は計10回，後者も計10回を数えました。こうした日中両属的な状態ではあっても，琉球王国が名目的な独立を保持していたことは，末期の1853年に米国のペリー（Matthew Calbraith Perry, 1794〜1858）が来航し，翌54年に琉米修好条約[14]を締結したことに示されています。

（2）近代初期の日本の領土

●

「内国植民地」としての北海道と沖縄県

　明治新政府の領土拡張政策は，蝦夷地と琉球から着手されました。共通するのは，大日本帝国憲法上の臣民の権利と義務である参政権と徴兵制の実施が「内地」（本州・四国・九州と隣接する島々）に比べて著しく遅れたことです。

　蝦夷地では明治2（1869）年7月8日[※15]に「開拓使」が設置され，8月15日に「北海道」と改称のうえ，明治4（1871）年8月20日から直轄統治が開始されました。内地から旧士族を開拓移民として送るため，1874年10月30日に屯田兵例則を公布しました（翌75年3月15日施行）。85年5月5日には屯田兵条例に改変されて，平民でも移住に応募できるようになりました。また，75年5月7日に樺太・千島交換条約が締結され，樺太全島を放棄しましたが，この時，樺太アイヌの多くが北海道への移住を強制されました。さらに，明治政府は99年3月2日，「北海道旧土人保護法」を公布しましたが，これはアイヌの生活様式を無視して和人的な農耕化を強要するものでしかありませんでした。徴兵令については，日本内地で発布されたのは1873年でしたが，北海道では96年1月1日に一部地域で初めて施行され，全道に施行されたのは98年1月1日でした。参政権については，1902年8月10日に第7回総選挙で道内3区域のみに選挙権が付

※14　1854年旧暦6月17日に米国全権大使ペリーが琉球王府と締結した条約。7か条からなり，在留米人への厚遇，船舶への物資の供給，難破船員の保護，水先案内などが盛り込まれていた。後の「琉球処分」により失効した。

※15　明治5（1872）年12月3日に太陽暦が採用されるまでの日付は旧暦（太陰暦）で記した。

与され，28年2月20日の全国普通選挙制の施行と同時に全道に選挙権が拡大して実施されました。

　琉球王国に対する政策は，まず明治5（1872）年9月14日の琉球藩設置から開始されました。1871年10月18日に宮古島民が清国の支配下にあった台湾に漂着し，その多数が原住民に殺害される事件が起きると，1874年5月22日には欧米と中央政府の反対を押し切って，征討軍が台湾に上陸し，原住民を殺戮して報復しました。同年10月31日，清国との交渉が成立し，賠償と引き換えに撤兵しましたが，この交渉過程で琉球王国の日本への帰属が事実上確定しました。なお，この年の7月12日には，琉球藩が国内行政を管轄する内務省に移管されています。75年3月31日には軍隊・警察官500名を派遣して首里王府を制圧し，同年4月4日の廃藩置県によって沖縄県を設置しました。

図17　1875〜1905年の領土画定

ここで注目すべきは，1880年10月21日に清国との間に先島分島改約条約[16]が締結されたことです。その内容は，清国における日本の最恵国待遇付与と引き換えに，宮古・八重山の先島諸島を清国に割譲するというものでしたが，批准されずに終わりました。そして，84年3月以降現地で生業を営んでいた福岡県人の古賀辰四郎（1856〜1918）から，85年6月（日付不詳）に開拓願書の出されていた尖閣諸島を95年1月14日の閣議決定により八重山郡に編入したのです。この領有は国際法の「先占」に当たりますが，日清戦争での戦勝がほぼ確定的という国際情勢を睨んで慎重に行われたのです。

　沖縄県における臣民の権利と義務規定の施行については，1898年1月1日に先島諸島以外の地域で徴兵令の施行を皮切りに，1902年12月（日付不詳）になって先島諸島を含む全県で施行されました。しかし帝国陸軍の基礎部隊である歩兵連隊すら設置されませんでした。選挙権については，12年3月30日に至って沖縄本島に衆議院議員の被選挙権が付与され，19年5月23日に先島諸島でもようやく選挙権が付与されたのです。

太平洋の離島の領土編入過程

[小笠原諸島]　小笠原諸島は東京の南南東の太平洋上にあり，父島・母島・硫黄島・西之島などをはじめとする30余りの島々からなります。まず，父島と母

※16 「分島改約」もしくは「分島増約」とも言われる。1871年9月13日に締結された日清修好条規に最恵国待遇条項を新たに挿入しようと，「琉球処分」と絡めて日清間で妥結されたが調印されなかった。79年7月に前米国大統領のグラント（Ulysses Simpson Grant, 1822〜85）が清国訪問の後に来日し，琉球問題についての平和的解決を勧告したのが契機となり，日清間で協議した結果，80年10月21日最恵国待遇条項の付与と引き換えに先島諸島を清国領とする内容で合意した。しかし，清国政府内部で首脳間に異議が起こり，結局は調印を拒否した。

島は，もともとは無人島で，1639年にオランダ船が「発見」し欧名を付けました。日本側では，70年に紀州の蜜柑船が母島に漂着したのが最初で，幕府は75年に上陸して調査しましたが放置され，これ以降「無人島（Bonin Islands）」と呼ばれるようになりました。1727年には小笠原貞任という人物が，「先祖が発見した」と訴え却下されましたが，その訴願が「小笠原島」の由来になりました。1830年にはハワイ王国から英米とハワイ人の合計30名が，父島に上陸し入植を開始しました。53年6月には米国のペリー艦隊が来航，彼の勧めによって同年8月に「ピール島（Peel Island）植民政府」が成立し，米国人を首長に据えました。62年12月に幕府の使節が父島に派遣され，住民を懐柔しようと試みましたが，うやむやに終わりました。

　明治政府は，1876年10月17日に12か国の公使に日本の統治を通告し，内務省小笠原出張所が設置されました。79年の時点で7か国の計67名が生活しており，多民族の共生社会が形成されていました。80年10月に東京府に移管され，東京府小笠原出張所（86年11月小笠原島庁と改称）が設置されました。その後は欧米系住民に対する統制が強化され，82年には彼らの全員を日本国籍に「帰化」させました。さらに91年9月10日には，無人島であった硫黄島の領土編入と小笠原島庁への所属を，勅令として公布しました。

　他方，火山島である西之島は，16世紀以降，欧米各国の船舶が視認していました。1875年頃には，グァノ※17採取のために立ち入る日本人が現れ，1904年になって「西之島」という呼称が定着しました。その後11年に海軍が測量し，翌12年発行の海図に表記されることになりました。

[南鳥島と沖ノ鳥島]　南鳥島は，16世紀以降に欧米各国の船舶が視認していましたが，「マーカス島（Marcus Island）」と命名したのは1860年頃の米国船

でした。93年に静岡県人の斎藤清左衛門が上陸して踏査したものの放置されました。また89年には米国人ローズヒルが上陸し，ハワイ駐在米国公使館に占有を願い出ました。一方，96年12月3日に東京府人の水谷新六が上陸し，労働者を雇ってアホウドリの捕獲を開始し，翌97年3月22日に東京府に島の貸し下げを願い出ました。これを受けた政府は98年7月1日の閣議で，「無主地」と認定し領土編入を決定しました。同月24日の東京府告示で正式に「南鳥島」と命名し，小笠原島庁の管轄としました。その後1902年には，先のローズヒルが再び訪れましたが，日本海軍の艦艇によって威嚇され退去を余儀なくされました。

　沖ノ鳥島は珊瑚礁で，16世紀以降に欧州各国の船舶が視認していました。1789年に英国船によって「Douglas Reef」と命名されましたが，いずれも領有の意思はありませんでした。その後1922年になって日本海軍の艦艇が測量し，29年に海軍水路部の海図に「沖ノ鳥島」と記載されました。海軍の強い要請を受けた政府は，31年6月23日の閣議で島名と領土編入を決定し，7月6日の内務省告示で東京府小笠原島庁の管轄となりました。この措置は「先占」の事実に乏しいと判断され，諸外国への通告や新聞発表は控えられました。

[大東諸島]　大東諸島は，沖縄本島の東方に位置し，北大東島・南大東島・沖大東島からなります。1543年にスペイン船が視認し欧名を付けました。その後各国の海図に様々な名称が付けられますが，上陸はありませんでした。1820年にロシア軍艦ボロジノ号が付近を巡航し，「ボロジノ諸島（Borojino Islands）」と命名しました。53年に米国ペリー艦隊が南北大東島の位置を測量しました。

　日本側では，「琉球処分」後の沖縄県が，1885年7月15日に内務省に南北大

※17 海鳥の排泄物が堆積したもの。窒素化合物やリン酸塩を多く含み，肥料として使用される。

東島編入の伺書を提出しました。内務省が8月1日に許可し，県職員が上陸し踏査，両島に標識を立てました。このことは9月3日に沖縄県から内務卿に，同月26日に太政大臣に報告されましたが，特段の公示はなされませんでした。

　沖大東島もやはりもともと無人島で，最初に発見したのも1543年のスペイン船でしたが，「ラサ島（Lasa Island）」という名は1807年のフランス軍艦によるものです。1899年6月に新潟県人の中村十作が踏査したうえで，国に貸し下げを願い出ました。これは翌1900年9月20日の閣議決定で承認され，「沖大東島」と命名され，26日の内務大臣訓令，10月17日の沖縄県告示を経て編入が実施されました。

[新南群島]　南シナ海にある「南沙諸島（英名Spratly Islands）」の日本名です。うち最大の「太平島」では，1907年頃から日本の漁船が操業を開始し，17年には関連施設を建設しました。21年6月には沖大東島でグアノ肥料を採掘していたラサ島燐鉱株式会社が，太平島でも採掘を開始しますが，経営不振のため29年4月に撤退しました。33年4月には，当時インドシナを植民地統治していたフランス軍が占領し，7月24日に領有宣言を行いました。日本側では，35年（月日不詳）に国策会社として開洋興業株式会社を設立し，36年12月から硫黄の採掘調査を開始しました。また38年には，海軍部隊を派遣して仏軍を放逐し，12月23日の閣議決定で「新南群島」と命名し領有を宣言しました。さらに翌39年3月30日の台湾総督府令で，台湾の高雄州に編入しました。これに対しては，フランスだけでなく英米両国からも抗議がなされました。第二次世界大戦後のサンフランシスコ講和条約では，日本の領有放棄が規定されましたが，帰属は明記されていません。現在は台湾が太平島を実効支配しています。

年	小笠原諸島・硫黄島・南鳥島・沖ノ鳥島	年	大東諸島
1903	3月, 東京府より水谷新六に南鳥島のグァノ採掘許可	1900	玉置半右衛門らが南大東島に上陸, 開拓を始める
1921	4月, 陸軍父島要塞司令部開設	1910	玉置商会設立。以後, 南北両島は玉置商会, 東洋製糖株式会社, 大日本製糖株式会社の私有地として管理され, 町村制は施行されず
1926	7月, 東京府小笠原島庁が支庁に改組		
1931	7月, 沖ノ鳥島を日本領に編入	1911	3月, 沖大東島にラサ燐鉱合資会社設立 (1913年5月, ラサ燐鉱株式会社に改組)
1933	南鳥島, 無人島となる		
1935	10月, 南鳥島に海軍の気象観測所設置		(28年12月～34年2月, ラサ島燐鉱操業休止)
1940	4月, 大村・扇村袋沢村・沖村・北村・硫黄島村の5村発足	1937	6月, 沖大東島, ラサ島燐鉱の私有地となる
1944	7月, 太平洋戦争の激化により硫黄島を含む全住民の強制疎開実施	1945	1月, ラサ島燐鉱廃業により, 沖大東島が無人島となる
1945	2～3月, 硫黄島で日米両軍の地上戦	1946	1月, 沖縄県が日本の施政権から分離
1946	1月, 日本の施政権から分離		4月, 米軍政下で北大東村・南大東村発足

表1　領土編入後の離島　玉置半右衛門（1838～1910）は, 伊豆八丈島出身の冒険的実業家。伊豆諸島の鳥島が羽毛布団の原料となるアホウドリの繁殖地であることを知り, 東京府から約20年間（1887～1909年）の無料貸し下げを受けて乱獲を行った。この活動は, 玉置商会による大東島の独裁的開発の基礎となっただけでなく, 他の「鳥島」名称の起源となった（八丈町教育委員会編『八丈島誌』八丈町, 1973年, 平岡昭利［2012］を参照）。

　以上のように, 現在私たちが地図などで目にする「日本の領土」も, 長い時間をかけて徐々に形作られてきたものでした。時には他国との平和的, あるいは軍事的交渉の結果, 日本の領土となったところ, ならなかったところもあります。その地に暮らしていた人々の意思に反して日本の領土に組み込まれた地域もあるでしょう。また, 領土に編入されても, 国民の権利と義務規定の施行が遅れた場合もありました。こうした歴史を見た時, 「固有の領土」が意味するものは何か, この言葉が領土問題の解決に寄与するものであるのか, 慎重に考える必要があるのではないでしょうか。

4. 大日本帝国の植民地支配と領土拡張

帝国主義の時代を迎えると，日本も欧米列強に肩を並べるべく，その権益の獲得を目指すようになり，領土拡張のため周辺諸国への侵略に乗り出していきました。ここではその領土拡張の過程と植民地支配の実態を，とくに朝鮮に焦点を当てて見ておきましょう[※1]。

（1）日清・日露戦争と植民地の獲得

●

朝鮮侵略の開始

　19世紀後半，朝鮮王国では，まだ幼かった国王高宗（在位1863〜1907）の実父である大院君（李昰応，1820〜98）が実権を掌握していました。その頃の朝鮮王国は，西欧文化とキリスト教の浸透に警戒する「衛正斥邪」を国是とし，武力的鎖国政策により，侵攻してくる外国船を撃退するとともに，キリスト教徒への大弾圧を強行していました。

　そうしたなか，1869年1月に日本は明治新政府の樹立を伝える「書契」（外交文書）を朝鮮に送りましたが，その書式が江戸幕府と朝鮮との間で交わされてきたものと異なっていたため，2月，朝鮮政府は書契の受領を拒みました。すると，明治政府内で「征韓論」が唱えられるようになり，西郷隆盛（1827〜77）らの即時実行派と岩倉具視（1825〜83）・大久保利通（1830〜78）らの「内治優先」派に分裂し，73年10月に征韓実行派参議は下野しました。残留した「内治」派参議らは，まず台湾に派兵して琉球処分を優先し，そのうえで

※1　本章では，朝鮮の太陽暦採用（1895年）までの期間，日付は旧暦（太陰暦）で記した。

列強の支持を獲得しました。その後に引き起こされたのが江華島事件で、75年8月21日に日本軍艦雲揚が朝鮮の江華島に接岸し、測量を口実として乗組員が上陸するなどの挑発を行うと、朝鮮軍は砲撃を開始し交戦状態となりました。日本側はこれを好機と見て、翌76年1月17日に特命全権大臣黒田清隆（1840〜1900）を江華島に派遣し、朝鮮側に日朝修好条規※2の締結を迫ったのです。2月2日に妥結した条約では名目的対等の外交関係を結び、釜山など3港の開港や通商などを取り決めましたが、実質は日本の領事裁判権を認めさせるなどの不平等条約でした。また、両国の自主と独立が謳われましたが、日本側は清国の宗主権の否定を企図していました。これに続いて西欧列強もまた同様の諸条約を朝鮮王国と結び、朝鮮は世界史の荒波に飲み込まれていきました。

　日朝修好条規に基づき、日本は1880年3月8日首都漢城に公使館を開設しました。また81年4月22日、軍政改革を名目にして新式軍隊となる「別技軍」を創設させましたが、待遇の悪化に不満を持った旧軍の将兵らが82年6月9日に反乱（壬午軍乱）を起こしました。反乱軍は日本人将校を殺害し公使館も焼失させましたが、7月7日事態を憂慮する清国が派兵して、反乱に関与した大院君を天津まで連行しました。日本は朝鮮にこの事件の損害賠償を強硬に要求し、清国が交渉を仲介して、7月17日に済物浦条約※3が締結され、日本公使館に守備兵を駐留させることが認められました。

　この頃、朝鮮国内では、守旧派で大院君に代わって実権を握っていた閔氏（高宗の王妃の一族）の政権と、親日開化派との政争が激化していました。1884年10月17日、親日開化派とされる金玉均（1851〜94）・朴泳孝（1861〜1939）らが、日本公使と駐屯日本軍の武力に頼って閔氏政権打倒のクーデター（甲申政変）を決行し、新政府を樹立しました。しかし19日、駐屯する清国軍の介入

により政権は瓦解し，日本人官吏・軍人とともに日本に亡命する結果となりました。これを受け，日本は全権大使井上馨（1835〜1915）を11月18日に漢城に派遣し，24日に締結された漢城条約※4で，朝鮮側の謝罪と損害賠償，公使館の再建などの要求を承認させました。さらに清国とも，交渉を経て85年3月4日に天津条約※5を締結し，日清両軍とも撤兵すること，ただし不測の事態に際しては相互に連絡したうえで派兵することなどを取り決めました。このようにして日本は，朝鮮へ侵出する足場を固めるとともに，清国の朝鮮への影響力を徐々に削いでいったのです。

日清戦争と台湾の植民地化

　朝鮮国内では，新興宗教である東学の信者が農民階級の間に急速に増えていましたが，政府の弾圧を受けていました。全羅道では1894年1月10日に全琫準（1854〜95）の指導する農民軍が蜂起し，やがて甲午農民戦争と呼ばれる大規模な反乱に発展しました。4月30日，朝鮮政府が清国に対して派兵を求めると，これに対抗する形で日本も4月29日（新暦6月2日）に派兵を決定し，朝鮮政府と農民軍との和約を無視して，5月9日に仁川港に陸軍を上陸させ，6月21日には漢城の王宮を制圧しました。日本軍は大院君政権を復活させて「清軍駆逐」の命令を強要し，23日には豊島沖で，27日には成歓の陸戦で清国軍を攻

※2　近代国際法により，朝鮮王国が最初に締結した国際条約。
※3　日本側の花房義質（1842〜1917）公使は近隣島嶼の割譲など強硬な交渉で臨んだが，清国の介入により，謝罪・損害賠償と駐兵権の獲得で矛を収めて調印した。
※4　井上馨は，朝鮮側全権大使金弘集（1842〜96）に武力で威嚇して調印させた。
※5　日本の伊藤博文全権大使と清国の李鴻章（1823〜1901）が天津で締結した。清国の保持していた3000人規模の軍隊を撤退させたのは日本側の外交的勝利とも言える。

撃した後，7月1日（新暦8月1日）に正式な宣戦布告を行ったのです。これは近代日本が正式な通告により初めて開戦した戦争でした。8月15〜16日には平壌（ピョンヤン）を攻略，18日の黄海海戦（ファンヘ）では日本軍が圧勝し，翌95年1月10日には，山東半島（さんとう）の威海衛要塞（いかいえい）を占領しました。そして2月24日（新暦3月20日）に下関（しものせき）で講和会談が開始されますが，日本は台湾海峡にある澎湖諸島（ほうこ）の攻略作戦に着手し，陸軍部隊が3月1日に全域を占領していました。3月23日（新暦4月17日）に日清間の講和が妥結して下関講和条約が締結され，清国は朝鮮の独立承認，遼東（りょうとう）半島・台湾・澎湖諸島の割譲※6，賠償金2億両（テール）の支払い，日本に最恵国待遇を付与する新通商条約の締結などを承認させられました。こうして日本は植民地としての海外領土を初めて得ると同時に，清国には朝鮮に対する宗主権を完全に失わせることに成功しました。

朝鮮を巡る日露の動向

　日清戦争で朝鮮における優位を勝ち取ったかに見えた大日本帝国でしたが，しかしその前には，さらなる強敵のロシア帝国が立ち塞（ふさ）がっていました。ロシアは，17世紀以降周辺諸民族と国家を服属させながら領土を拡大し，19世紀後半には極東地域にも侵出していました※7。下関講和条約で遼東半島が日本へ割譲されることになると，西洋列強，とりわけロシアが強く反発し，1895年4月1日（新暦4月23日）にロシアにドイツ，フランスを加えた3国による遼東半島還付要求が提出され（三国干渉），日本政府もこれを受け入れざるを得ませんでした。

　日本はこうしたロシアの圧力を受けるとともに，何よりも侵略先である朝鮮の政府と人民から反感を持たれていました。その形勢を一挙に逆転しようと1895年8月20日に決行されたのが，高宗の王妃で，ロシアへの接近を図ってい

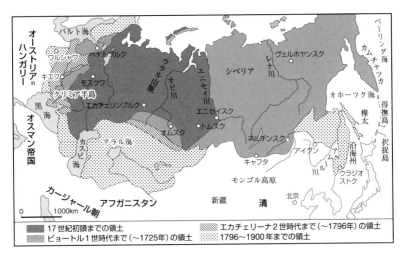

図18　ロシア帝国の領土拡大

（地図内ラベル）
オーストリア＝ハンガリー
オスマン帝国
カージャール朝
アフガニスタン
ワルシャワ
キエフ
ペテルブルク
モスクワ
エカチェリンブルク
クリミア半島
黒海
バルト海
カスピ海
アラル海
ウラル山脈
オビ川
エニセイ川
エニセイスク
オムスク
トムスク
ネルチンスク
キャフタ
モンゴル高原
新疆
清
北京
シベリア
レナ川
ヴェルホヤンスク
カムチャッカ
ベーリング海峡
オホーツク海
得撫島
択捉島
樺太
沿海州
アムール川
アイグン
ウラジオストク
0　　　1000km

17世紀初頭までの領土
ピョートル1世時代まで（～1725年）の領土
エカチェリーナ2世時代まで（～1796年）の領土
1796～1900年までの領土

た明成皇后（閔妃，1851〜95）の殺害でした。それは，日本の兵士・壮士らが私服で朝鮮王宮を襲撃し，明成皇后を虐殺するという凶行でした。朝鮮では「乙未事変」として知られる事件で，危機感を覚えた高宗は翌96年2月11日にロシア公使館に避難しました（露館播遷）。97年2月20日に王宮に戻った高宗は，8月14日に独自の元号として「光武」を宣布，10月12日に国号を「大韓帝国」に，自らを「光武皇帝」と改称しました。これは古代の三国時代以来，連綿と続いてきた中国の冊封体制からの自立と国威発揚をねらったものでした。

　閔妃虐殺については，首謀者らは何ら処罰されることはありませんでしたが，

※6　台湾の植民地支配については，本シリーズ⑥胎中千鶴『あなたとともに知る台湾―近現代の歴史と社会』（2019年）を参照。

※7　1860年11月に締結された北京条約では，沿海州の全域がロシア領とされた。この年にはウラジオストクが建設され，極東侵略の拠点となった。日清戦争後の96年6月には清露密約が締結され，ロシアはシベリア鉄道につながる，中国東北部の満洲里〜ハルビン〜綏芬河の東清鉄道敷設権を，さらに98年3月，遼東半島租借条約と同年7月の協定によりハルビン〜旅順・大連間の南部支線の敷設権も獲得し，1903年7月に全線が正式に営業を開始した。

韓国における日本の立場はさらに悪化し，逆にロシアには韓国から鉱山採掘権や木材伐採権などの利権が譲渡され，その影響力が強まる結果になりました。こうなると日本もロシアに対して譲歩せざるを得なくなり，山県・ロバノフ協定※8（1896年6月9日）と西・ローゼン協定※9（1898年4月25日）を締結してロシアとの勢力均衡を図りました。しかし他方では，1898年9月に京釜鉄道（漢城〜釜山）の敷設権を手中に収め，1900年7月に京仁鉄道（漢城〜仁川）を全通させるなど，さらなる侵出の布石は怠りませんでした。

　一方，韓国内では乙未事変を契機として，近代では初めてとなる武装蜂起である義兵闘争が，儒教知識人の指揮下に各地方で開始されました。また首都漢城では1896年7月2日，「独立協会」が結成され，新聞・雑誌の発行や大衆集会「万民共同会」を開催する愛国文化啓蒙運動も展開されていました。

義和団戦争

　日清戦争後の中国では，清国が弱体化していると見た列強が侵略を進めていました。これに対し，1899年4月以降，山東省を中心に「扶清滅洋」（清を助け西洋を滅ぼす）を掲げた「義和団」による排外運動が広がり，翌1900年初めには北京・天津方面で列強が建設していた教会や鉄道の破壊に乗り出しました。清国政府はこれに乗じて6月21日，列強に対して宣戦を布告し，北京にある列国公使館を包囲しました。この戦争は日露両国を含む列強にとって，中国に侵出する絶好の口実となりました。列強8か国は共同して総兵力約5万人を派遣し，このうち日本軍が最大の2万840人，次いでロシア軍が1万3450人を派兵しました。清国軍と義和団は連合軍に完敗して同年12月30日に降伏し，翌01年9月7日の北京議定書による巨額の賠償金支払いと列強への駐留権付与という屈

辱的な内容で決着しました。

　この戦争で中国の東北部（日本では満洲<ruby>満洲<rt>まんしゅう</rt></ruby>と呼ばれた地域）全域にまで派兵したロシアは，1902年4月8日に清国との間に撤退協定を締結しましたがこれを履行せず，翌03年8月12日旅順<ruby>旅順<rt>りょじゅん</rt></ruby>に極東総督府を開設しました。また韓国に対しても，03年4月21日平安道龍岸浦<ruby>平安道龍岸浦<rt>ピョンアンド ヨンアン ポ</rt></ruby>を占領し軍事的な圧力を加えました。日本はこうしたロシアの動きに警戒を強めていきました。

日露戦争

　その頃，ヨーロッパでは，英国が露仏同盟に対抗するために日本との接近を求めていました。日本も英国の後ろ盾を求め，1902年1月30日に日英同盟協約（第1次）[10]が締結されました。清韓両国の現状保全と韓国における日本の優越的地位の確認，軍事的相互関係の確立などで合意を見たのです。

　これを受けた大日本帝国は韓国に対する支配の強化を目指し，従来の京釜鉄道を1905年1月に全線開業させ，漢城から中朝国境の新義州<ruby>新義州<rt>シ ニ ジュ</rt></ruby>までの京義鉄道<ruby>京義<rt>キョン イ</rt></ruby>を戦時軍用路線として建設しました（1905年4月仮運転，06年4月全通）。日露政

※8　日本側特派大使山県有朋<ruby>山県有朋<rt>やまがたありとも</rt></ruby>（1838〜1922）とロシアの外相ロバノフ（Алексей Борисович Лобанов-Ростовский，1824〜96）がロシアのモスクワで調印した。朝鮮における財政や治安に対する共同関与，両国の電信線の保持とともに，同数の駐兵と出兵時の用兵地域の設定などについても合意した。

※9　日本外相西徳二郎<ruby>西徳二郎<rt>にしとくじろう</rt></ruby>（1847〜1912）とロシア駐日公使ローゼン（Роман Романович Розен，1847〜1922）が東京で調印した。内容は韓国内政への相互不干渉，韓国の軍事・財政顧問任命の相互通告，韓国における日本居留民と商工業活動の保護など。

※10　内容は，①英国の清国に対する利益と日本の韓国に対する利益を相互に尊重し擁護<ruby>擁護<rt>ようご</rt></ruby>する，②締結国が開戦した場合には他方は中立を守り，第三国が参戦した場合には他方も参戦する，③以上の内容に反する他国との条約の排除。

府間の外交交渉も持たれましたが決裂状態に陥り，03年末には日本の桂太郎（かつら た ろう）（1847〜1913）内閣と陸海軍は開戦を決断し，翌04年2月10日に対露宣戦を正式に布告しました。しかし，実際には2日前の8日に海軍が旅順港外のロシア艦隊を攻撃し，陸軍部隊も仁川港に上陸していました。この部隊は漢城まで到達して直ちに王宮を制圧し，2月23日には日韓議定書※11に強制調印させました。その内容は必要に応じて韓国の国土を収容できるというもので，その後の軍事作戦を優位に進めるのに役立ちました。

　日本はまず，ロシア極東艦隊の基地となっていた旅順要塞（ようさい）の攻略を先行して進め，1904年2月24日から海軍によって旅順港閉塞作戦が開始されましたが，ロシア艦隊を壊滅させることはできませんでした。陸軍でも旅順要塞攻撃作戦が進められ，多大な犠牲者を出して翌05年1月1日に陥落させました。この間，陸軍は04年5月1日に中韓国境の鴨緑江（アムノックカン）を渡り，戦場は満洲南部に移転拡大しましたが，翌05年3月1〜10日の奉天（ほうてん）（現在の瀋陽（しんよう））会戦で両軍ともに兵力を消耗し，戦争の継続は不可能となっていました。残された決戦の機会は，ロシアのバルチック艦隊との海戦しかありませんでした。

　この時，日本海軍は日本海海域を主戦場と予測し，鬱陵島と竹島／独島に監視哨戒（しょうかい）の適地を探索していました。鬱陵島には実際に監視望楼（ぼうろう）と無線電信設備を開設し，竹島／独島ではそのための予備調査を実施していたのです（83，90頁）。

　1905年5月27〜28日の日本海海戦で，バルチック艦隊は日本の連合艦隊に完敗し，米国の仲介により9月5日にポーツマス条約※12が締結されました。条約では，日本による韓国の支配権の承認，遼東半島租借地の日本への譲渡などについては合意が得られましたが，賠償金の支払いや樺太の割譲についてはロシア側が強く抵抗しました。列強からの圧力もあって，結局は日本への無賠償と

樺太南半部の割譲[13]という内容で最終的に調印に至りました。

（2）韓国併合

●

韓国の保護国化

　日露戦争中，日本はさらなる韓国支配を進めていました。1904年，日本政府は韓国駐在全権公使の林権助（はやしごんすけ）（1860〜1939）を8月12日から韓国側の諸大臣と交渉させ，22日に第1次日韓協約[14]を締結させました。これは政府各省に外国人顧問の採用を強要するもので，財政・外交・軍事・警務・宮内の各部に日本人顧問（外交のみ米国人）を就任させて，「顧問政治」により韓国の内政をコントロールすることになりました。

　韓国支配のためには列強の承諾を得ることがどうしても必要でしたが，ロシ

※11　日本の駐韓大使林権助と韓国の外部大臣署理李址鎔（イジヨン）（91頁）が調印した。内容は，①韓国の内政に関する日本の勧告の尊重，②韓国の独立と領土保全および王室の安全の保障，③韓国の国防のために日本は臨機に戦略的要地の使用ができる，というもの。これによって1904年1月23日の韓国政府の中立声明は無効化した。

※12　米国ボストン郊外のポーツマスで，日本の主席全権小村寿太郎（こむらじゅたろう）（1855〜1911）と次席全権高平小五郎（たか ひらこごろう）（1854〜1926），ロシアの全権ウィッテ（Сергей Юльевич Витте，1849〜1915）とローゼンが交渉に臨んだ。

※13　樺太を巡る日露・日ソ関係については，本シリーズ⑩中山大将『国境は誰のためにある？―境界地域サハリン・樺太』（2019年）を参照。

※14　林権助が，韓国の外部大臣・度支部（たくし）（大蔵）大臣に迫って調印させた。内容は政府高官に外国人顧問を受け入れさせるもので，外交権の行使に日本政府の承認を義務付けた。その結果，財政顧問に目賀田種太郎（めがたたねたろう）（1853〜1926），外交顧問に米国人スティーブンス（Durham White Stevens，1853〜1908），その他，軍部・宮内部・学部の各顧問にも日本人が任命された。

アとはポーツマス条約を締結したため，残るは米・英の両国でした。そこで，翌1905年7月29日には，桂太郎首相が米国陸軍長官タフト（William Howard Taft，1857〜1930。1909〜13大統領）との間で，米国のフィリピン統治と日本の韓国統治を相互に承認する桂・タフト覚書[※15]を交わしました。また同年8月12日には第2次日英同盟協約[※16]に調印し，英国のインド統治を認めるとともに，日本の韓国支配を認めさせることにも成功しました。その後日本は，11月9日に伊藤博文（1841〜1909）を特命全権大使として韓国に派遣，現地の公使・駐韓軍司令官も加勢して韓国の閣僚5名（韓国では，対日協力者として，この年の干支をとって乙巳五賊と呼ばれる）を懐柔し，11月27日に第2次日韓協約[※17]（乙巳条約）を強制的に締結させました。この条約によって韓国の外交権は完全に剝奪され，翌06年2月1日に韓国統監府が開設されて，3月10日に伊藤が初代統監に就任しました。

韓国の「併合」

こうした苦境のもとで韓国の高宗が反撃の好機と見たのは，1907年6月にオランダで開催される第2回万国平和会議で，3名の密使を送って日本の不法を国際世論に訴えようとしました。しかし，6月15日からハーグで開会された会議では，29日に韓国代表の出席は拒否され，場外の集会で窮状をアピールすることしかできませんでした。このハーグ密使事件を口実として日本は高宗の退位を要求し，7月20日にその子純宗（在位1907〜10）への譲位が行われました。日本は，7月24日に親日的な李完用（1858〜1926）参政大臣と伊藤統監との間で，第3次日韓協約[※18]（丁未条約）を締結しました。これは法律制定権・官吏任免権・行政権の委任などに加え韓国軍の解体などにも及び，韓国の内政を

ほとんど奪取するという，韓国にとって屈辱的なものでした。

　これによって解散に追い込まれた韓国軍人は8月1日に漢城で反乱を起こし，義兵闘争の新たな指導層となりました。これは韓国に駐屯する日本陸軍部隊である「韓国駐箚軍」により鎮圧され，1909年9～10月に行われた全羅道での「南韓大討伐作戦」では約5万人の義兵や住民が犠牲となりました。

　併合に向けた最終的な方針は，1909年7月6日の第2次桂内閣の閣議決定によって決められました。その具体的な内容は，同月31日の韓国軍部の廃止，10月1日の統監府司法庁の設置と11月1日の韓国法部の廃止という軍事・司法権の剥奪でした。

※15　日露戦争中は国債を購入するなどして日本に協力した米国も，東アジアにおける日本の権益の拡大を危惧し，とくに太平洋方面の侵出を牽制しようとした。こうして日本の韓国支配と米国のフィリピン支配を相互に尊重する密約が成立した。

※16　ポーツマス条約の成立を受けて第1次同盟の拡大強化のため締結された。内容は，①日本の韓国への支配権を承認する，②英国のインド支配の継続を支援する，③相互防衛条約を攻守同盟に格上げし，一方が交戦した場合に他方は直ちに宣戦する，というもの。

※17　韓国保護国化の方針はすでに1905年4月8日の閣議で決定していたが，列強の容認を得たことで実行に移された。申し入れを受けた韓国政府は皇帝臨席の御前会議を開催したが，反対派閣僚の異見で結論が出ず，日本側は皇帝に裁可を強要した。これによって，林権助特命全権公使と朴斉純（74頁）外部大臣が調印した。内容は，①韓国の外交権は日本の外務省に吸収する，②今後韓国政府は日本の承認なしに他国との条約を締結しない，③日本は韓国内に外交を統括する「統監」を設置する，というもの。これにより12月20日の勅令でその官制が公布され，06年2月1日に漢城に統監府，各地に理事庁が設置された。統監は天皇に直属して韓国の外交事務を統括し，緊急時に駐箚軍の指揮権を付与されるという絶大な権限を得た。また，06年1月17日に韓国外部が廃止され，駐在の列国公使もすべて撤退した。

※18　伊藤博文統監が7月24日に韓国の李完用総理に提出した原案が当日の夜そのまま調印された。全7か条は，①統監による韓国施政の指導，②統監による法令・行政の指導，③司法事務の分離独立，④統監の同意による高等官吏の任免，⑤統監の推薦する日本人官吏の任用，⑥統監の同意なき外国人官吏の任用禁止，⑦第1次協約による財政顧問任用規定の廃止。また付属文書には，裁判所の新設，監獄制度の改定，軍備の整理なども盛り込まれていた。

1909年10月26日に中国のハルビンで安重根（1879〜1910）による伊藤博
文暗殺事件が起こると，日韓両国で併合の可否を巡る論議が盛んになりました。
翌10年5月30日に寺内正毅（1852〜1919）陸軍大臣が統監に着任すると，6
月24日に朴斉純（1858〜1916）参政大臣署理との間に「警察事務委託覚書」
が調印され，韓国警察は統監府警務局に吸収されました。日本側では6月3日の
閣議で「併合後の施政方針」が決定され，韓国には帝国憲法を施行せず，天皇
に直属する総督に施政権全般と軍事指揮権を付与することなどを決め，7月6日
には条約案・詔勅案なども閣議決定されました。韓国の李完用参政大臣との協
議は8月16日に開始され，「併合条約」※19は22日の枢密院会議で決められた案
文のまま同日中に強制的に調印され，29日に正式に公布されました。

　この「韓国併合」によって大韓帝国は国家として完全に消滅し，大日本帝国
に「併合」されたのですが，その実態は軍事的な占領，つまり「征服」であり，
韓国で言うところの「強占（강점）」にほかなりませんでした。

朝鮮の植民地統治

　1910年9月30日公布・施行の朝鮮総督府官制により，京城（漢城から改称）
には韓国統監府に代わって朝鮮総督府が設置されました。総督には天皇に直属
する陸海軍大将が任命され，制令の公布・施行などの政務全般と駐箚軍の指揮
など絶大な権限を掌握しました。初代総督には寺内正毅が就任し，朝鮮全土に
張り巡らせた憲兵警察制度を駆使した，いわゆる「武断政治」が行われました。
また，12年8月13日公布・施行の朝鮮土地調査令に基づいて，全土の地籍を掌
握するための「土地調査事業」が進められました。その実態は，封建的な地主
小作関係を温存し，近代的な契約に基づく所有関係にない田畑や山林など総面

積の約40%を官有地として接収するものでした。その一部は08年12月に設立されていた東洋拓殖株式会社に払い下げられ，地主のものとなりました。金融では，韓国に置かれていた日本の第一銀行株式会社の支店が，05年1月から国庫金の取り扱いと紙幣整理を独占しており，09年11月に韓国銀行株式会社に改組されました。11年3月，法律によって朝鮮銀行と改称され，8月に開業して「朝鮮銀行券」を発行する植民地中央銀行となりました。さらに鉄道は14年1月に湖南線（京城〜木浦），同年8月に京元線（京城〜元山）が開通し，内地への資源の搬出と日本製品の搬入を促進していきました。

三・一独立運動と「文化政治」

　第一次世界大戦終結後の1918年1月に米国大統領ウィルソン（Thomas Woodrow Wilson, 1856〜1924）が提唱した「国際平和の14カ条」で「民族自決」の思想が拡大すると，朝鮮の知識人もその影響を受けました。19年3月3日には高宗の葬儀が予定されていたことから，各宗教指導者が秘密裏に「独立宣言書」を準備し，3月1日に公表しました。これを機に京城市内に集まっていた民衆が「独立万歳」と叫んで大規模なデモ行進を始めると，瞬く間に朝鮮全土に拡大していき200万人以上の規模になりました。その鎮圧には警察だけではなく各地の陸軍兵が出動して，朝鮮人の犠牲は死者7509名，負傷者1万5961名，検挙者4万6948名を数えました。また，4月17日には上海に亡命して

※19　その主な条項は以下の通り。①大韓帝国皇帝はその統治権を大日本帝国の天皇に譲与する，②日本の天皇はその譲与を受けて韓国を併合する，③韓国皇帝の一族に対しその尊称と名誉を与え歳費を支給する，④韓国の王族とその子孫についても同様に扱う，⑤天皇は功績のある韓国人に爵位を与え手当を支給する，⑥日本は韓国の施政を担任するに当たって韓国人の身体と財産を保護する，⑦日本政府は忠実な韓国人を官吏として任用する。

いた独立運動家たちが「大韓民国臨時政府」の樹立を宣言しました。

　これに対して日本政府も，従来の強権的な支配政策の転換を余儀なくされました。その結果，1919年8月20日に総督府官制の改定が行われ，総督に文官が就任することも可能としました。しかし，実際に次の総督に就任したのは海軍大将斎藤実（さいとうまこと）（1858〜1936）で，予備役から現役に復帰して赴任してきました。斎藤総督は「文化政治」を掲げて，従来の憲兵警察制度の撤廃，朝鮮語新聞の発行の許可，朝鮮人官吏の登用などを実施しました。また，20年12月27日に「産米増殖計画」を策定し，水田の灌漑（かんがい），畑地の水田化と品種改良などにより米穀の増収を図りました。しかし25年末までに目標の約10%しか改良されず，計画を更新して40年度の達成を目指しました。これにより各地で水利組合が組織され，その費用は農民の負担となり，また内地（日本本土）への移出が増収量を上回ったため，農民層の分解と小作農の増加という結果を招きました。とくに南部の全羅・慶尚南北道など穀倉地帯では，没落した農民が多数日本へ移住し，内地でも移民社会が形成されていきました。

（3）第一次世界大戦前後の領土拡大

●

　韓国を併合した後も，日本の領土拡張は続きました。まずその対象となったのは，朝鮮に隣接する満洲でした。1905年のポーツマス条約の結果，日本は遼東半島南部を租借し「関東州」[20]として統治していましたが，第一次世界大戦中の15年1月18日に行われた，いわゆる「対華21カ条要求」[21]で租借期限の延長を中国に認めさせました。

他方，第一次世界大戦の際には，日本はドイツの権益下にあった中国山東省や太平洋のマリアナ・カロリン・マーシャル諸島を占領しました。山東省については，「21カ条要求」でドイツからの権益の引き継ぎを求めたものの，1921年11月〜22年2月に開催されたワシントン海軍軍縮会議で撤回させられました。しかし27年以降，日本人居留民の保護を名目に3次にわたって陸軍を派兵して干渉を続けました。太平洋諸島については，ヴェルサイユ講和会議（1919年1月開会）で国際連盟の委任統治が決まり，20年12月17日の国際連盟理事会で日本によるC式委任統治[22]の形態が承認されました。22年4月1日南洋庁が

※20　ポーツマス条約により，ロシアが清国から獲得していた権益を継承した。1906年8月の関東都督府官制により，陸軍大将・中将が都督となり，行政権と軍の統帥権を掌握した。19年4月の勅令により関東庁に改組され，駐屯軍は関東軍として独立，南満洲鉄道株式会社（ロシアが敷設した東清鉄道南部支線の権益を継承し，1906年11月に国策会社として設立）の行政権と警備も分離された。満洲事変後の32年7月からは関東軍司令官が関東庁長官を兼務した。37年6月の「満洲国」治外法権の撤廃により，関東州と満鉄付属地は同国の施政下に吸収された。

※21　第2次大隈重信（1838〜1922）内閣の加藤高明（1860〜1926）外相が提出した。全5条の主な内容は，①山東省の権益関係の計4項，②南満洲・内蒙古関係の計7項，③漢冶萍製鉄事業関係の計2項，④中国の沿岸不割譲関係の1項，⑤要望条項として計7項の合計21項である。中国側の抵抗を前に②以外は合意に至らず，5月7日に日本側は⑤を削除して「最後通牒」を行った結果，9日に条約と交換公文・声明を併せて調印された。その後ヴェルサイユ講和会議に参加した中華民国は，①の無条件回収と要求全体の無効化を主張した。米国が中国を支持したが，辛うじて山東省権益は日本が固守した。中国はこれに抗議して会議を脱退し，最終的に1922年2月4日のワシントン会議での日中条約で決着した。②の遼東半島関係の全部と③の権益の一部を除いて，①と⑤の完全な撤回に追い込まれ，認められた項目は計10項と半減した（奈良岡聰智『対華二十一カ条要求とは何だったのか—第一次世界大戦と日中対立の原点』名古屋大学出版会，2015年を参照）。

※22　第一次世界大戦後，敗戦国となったドイツとオスマン帝国の領土の処理を巡り列国が妥協した結果，国際連盟の「委任統治」方式が立案され，規約第22条で3方式が規定された。このうち，A式は旧オスマン帝国領，B式は旧ドイツ領中央アフリカ，C式は旧ドイツ領南西アフリカと太平洋諸島に適用された。太平洋諸島は1920年12月17日の連盟理事会で日本をその受任国とすることが承認された。その義務としては，非武装地帯とし住民の福祉・政治経済的な独立性を保障することで，統治状況を年次報告することも要求された。

開設され，本庁はコロール島に位置し，6島の統治地区に支庁を設置しました。

　また，1917年11月（露暦10月）に始まった革命によりロシアで世界初の社会主義政権が誕生すると，日本は他の列強とともに，18年8月から22年10月にかけて「シベリア出兵」と呼ばれる干渉戦争を始めました。この過程では，ニコラエフスクで日本軍守備隊と居留民が殺害された尼港事件（1920年3〜5月）の賠償を求め，その直後から25年5月にかけて樺太北部の占領も行いました。

（4）十五年戦争と「大東亜共栄圏」

●

　日本は，1931年9月には満洲事変[23]を起こして，翌年2月には傀儡国家である「満洲国」を中国東北部に建国しました。満洲国には国策として日本から農業移民が送り込まれましたが，彼らが手にした農地はすでに現地農民が耕作する土地であり，民族間の葛藤はいっそう深刻になりました。

　1937年7月に勃発した日中戦争では，日本は中国の主要都市と鉄道沿線地域のみの支配（いわゆる「点と線」の支配）に留まりました。行き詰まった戦況の打開と戦争継続に必要な資源の確保を目的に，日本は東南アジアなど南方への侵出を図りました。それは米国との対決を意味しており，41年12月，ついに日米開戦に至ります。日本は一気に東南アジアや太平洋地域に占領地を広げました。米英などからアジアを解放するという名目で，植民地・占領地を「大東亜共栄圏」と称する体制に組み込み，侵略行為を正当化しようとしました。ちなみに先に見た「大八洲」が，この時期に「大東亜共栄圏」の範囲を示す用語として使用された例として，37年制作の歌曲「愛国行進曲」[24]があります。

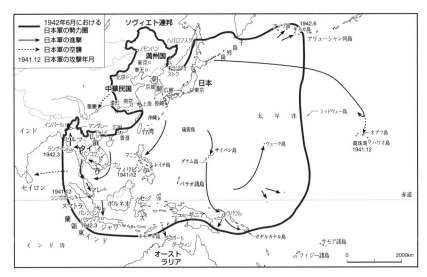

図19　大日本帝国陸海軍の最大占領範囲（1942年6月）

　戦争への動員は植民地朝鮮にも要求され，1938年4月3日施行の「陸軍特別
志願兵令」に続き，43年8月1日には徴兵制が施行され，日本の敗戦までに合計
80万余人が入営しました。また，台湾でも42年4月1日に「陸軍特別志願兵令」

※23　1931年9月18日深夜に関東軍が奉天近郊の満鉄線を偽装爆破する柳 条 湖事件を起こし，無断
　　　越境した朝鮮軍の加勢を得て，東北部全域を占領した。

※24　1937年8月24日に閣議決定された「国民精神総動員」運動のためのプロパガンダ楽曲として，
　　　内閣情報局によって歌詞と作曲が公募された。同年12月26日に一般公開され，各社が競って録
　　　音しほぼ同時にレコードが発売された。歌詞の1番は以下の通り。「見よ東海の空開けて　旭日
　　　高く輝けば　天地の正気溌溂と　希望は躍る大八洲　おお晴朗の朝雲に　聳ゆる富士の姿こそ
　　　金甌無欠揺るぎなき　我が日本の誇りなれ」。2015年5月4日に森友学園塚本幼稚園の運動会で
　　　園児たちがこれを合唱する映像が拡散した。合唱の後には「尖閣諸島・竹島・北方領土を守り，
　　　日本を悪者として扱っている中国・韓国が心を改め，歴史教科書で嘘を教えないようにお願い
　　　します」との唱和も登場し，現代の領土認識にも影響を及ぼしていることが分かる。（You
　　　Tube：森友学園塚本幼稚園愛国行進曲）

が施行され，44年9月1日からは徴兵制となりました。その他東南アジアの占領地も含め，日本は人員・軍需品の強制的な徴発や，日本への同化政策などを厳しく行い，人々を苦しめました。

　開戦当初，日本は一気に占領地域を広げたものの，1942年6月5日のミッドウェー海戦で大敗すると，その後は43年2月のガダルカナル島撤退，44年7月のサイパン島陥落，45年6月の沖縄守備隊全滅など，敗北と撤退を繰り返し，45年8月14日のポツダム宣言受諾（発表は翌日）によって敗戦を迎えました。「大東亜共栄圏」は，日本の勢力圏としては史上最大規模でしたが，その支配は現地の人々の支持を得られず，あっけなく瓦解しました。日本は9月2日に降伏文書に調印，11月末日をもって帝国陸海軍は解体され，長きにわたった侵略戦争と植民地支配の時代に終わりを告げたのです。

　日本の敗戦は，「日本の領土」にも多大な影響をもたらしました。日本は1952年4月28日のサンフランシスコ講和条約の発効により，台湾・朝鮮や太平洋の諸島など海外領土をすべて放棄させられました。さらに沖縄県・奄美群島や小笠原諸島（南鳥島・沖ノ鳥島を含む）なども日本の施政権から切り離されて，米国の軍政下に置かれることとなり，奄美は53年12月，小笠原は68年6月に返還されましたが，沖縄の返還は72年5月まで遅れました。その間，尖閣諸島の大正島と久場島は米海軍の射爆場に指定され，日米安保条約と地位協定により琉球政府も立ち入りを禁止されてきました。この措置は，沖縄返還後に演習が実施されなくなった現在も継続しており，米国は尖閣諸島を安保条約第5条（武力攻撃への共同対処）の対象とはしつつも，領有権については明言しないという，いわゆる「曖昧政策」を採っています。この点は竹島／独島に対する米国の態度にも共通するものと言えます。また千島（クリル）全島は敗戦直前に侵

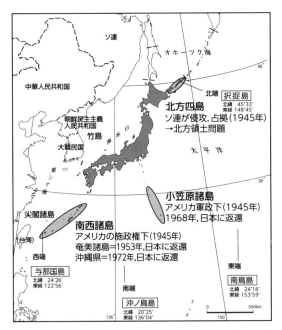

内の文字:

ソ連

オホーツク海

中華人民共和国

45°

北端 択捉島
北緯 45°33′
東経 148°45′

朝鮮民主主義
人民共和国

竹島

大韓民国

北方四島
ソ連が侵攻,占拠(1945年)
→北方領土問題

日本海

太平洋

30°

小笠原諸島
アメリカ軍政下(1945年)
1968年,日本に返還

尖閣諸島

東シナ海

(台湾)

南西諸島
アメリカの施政権下(1945年)
奄美諸島=1953年,日本に返還
沖縄県=1972年,日本に返還

西端

与那国島
北緯 24°26′
東経 122°56′

南端

沖ノ鳥島
北緯 20°25′
東経 136°04′

135

東端

南鳥島
北緯 24°16′
東経 153°59′

0   500km

150

図20　サンフランシスコ講和条約の規定による日本の領土

攻したソ連がそのまま占領し,「北方領土問題」につながっています。そして竹島/独島についても,独立を果たした大韓民国との間で領有権問題が浮上することになったのです。次章では,そこに至るまでの竹島/独島の歴史を見ていくことにしましょう。

5. 日朝両国史に見る竹島／独島の姿

①竹島／独島の地名呼称の変遷

　こうした国際的な歴史地理問題※1を考察するに当たっては，地名の呼称について，予めその基本的史実をきちんと押さえておかなければなりません。

　該当地域の地名として歴史的に最古のものは，朝鮮の史書『三国史記（新羅本紀）』※2にある「于山国」ないし「鬱陵島」で，一般には紀元513年に新羅に服属したとされています。ただし，この記録自体は同時代のものではなく，はるか後年になって高麗王朝期の1145年に書かれたものですから，6世紀の時点の地理認識と一致しているとは限りません。「于山国」には「于山島」と「武陵島」の二つの島が存在していたらしいことは『三国史記』から分かりますが，ただ現在でも本来は無人島である独島にまで新羅の支配が及んでいたとは到底考えられません。

　なお，現在韓国で一般的に使われている「独島」という呼称は，実は日本の軍艦の航海日誌に記載されたのが最初なのです。すなわち堀和生の論文によって，日露戦争の最中に当たる1904年9月25日，対露海戦に備えてこの海域に望楼と無線通信線開設の適地を探索していた日本海軍（70，90頁）の「新高」が，現地の朝鮮人から聴取した記録※3 [史料5]（巻末史料集参照。以下同じ）に初めて出てくることが明らかにされたのです。また，この呼称が韓国で初めて公式に使用されたのは，06年3月に島根県竹島調査団が鬱陵島に訪問した際（91

※1　以下の記述に関する典拠史料，とくに外交文書の詳細については坂本悠一［2016］を参照
　　（http://www.ritsumei.ac.jp/acd/re/ssrc/result/memoirs/kiyou32/32-01.pdf）。

※2　朝鮮半島における最初の歴史書（正史）で，三国時代（新羅・高句麗・百済）から統一新羅末期まで（紀元前67〜後938）を漢文の紀伝体で記述。高麗時代の1145年に完成。

※3　堀和夫［1987］111頁。

頁），当時の鬱島郡守沈興澤が江原道監察使に提出した報告書でした [史料8]。

　一方日本側では，現在の鬱陵島に対する江戸時代の呼称が最古のもので，当時日本では鬱陵島が「竹島」ないし「磯竹島」と呼ばれていました。鬱陵島では，17世紀に鳥取藩の米子商人が生業を営んでいました。これは当時の沖合航海，すなわち北前船※4の航路と深い関係があります。急峻な山脈が聳え立ち四方を海で囲まれた日本列島では，内陸の河川を活用した舟運よりも，沖合を大型帆船で航行する遠距離航路が発展し，この時代には蝦夷地の松前と大坂を往来する北前船が全盛期でした※5。

　元和3（1617）年に米子の商人大谷甚吉は，北前船での越後からの帰路に「竹島」（鬱陵島）に偶然漂着しました。当時の「竹島」は，朝鮮王国が倭寇（50頁）に備えて1417年から「空島政策」を採ったことにより，無人となっていました。大谷甚吉はこの島の木材や海産物など豊富な天然資源に目を付けて，江戸幕府に宛てて「渡海免許」を願い出たのです。こうして大谷家に加えて，同じ米子の商人村川市兵衛家も合流して共同で「竹島経営」が始められますが，その航路のちょうど中間にあり，今日の竹島に当たる「松島」をも見出し，多少の漁獲も得ることになりました。つまりこの時代の日本側の地理的知見では，「竹島」は現在の鬱陵島であり，「松島」が竹島／独島であったのです。

　以上が日朝両国の認識ですが，ややこしいことに18世紀に入ると西欧諸国がこの海域に進入し，勝手気ままに島の測量と命名を行うようになり，島名が混乱する事態となりました。まず，1787年にフランスのラペルーズ艦隊が鬱陵島を発見し「ダジュレー島」と名付け，次いで89年には英国船アルゴノート号が同島を発見して「アルゴノート島」と名付けました。ところが，両者が記録した緯度・経度が異なっていたため，同じ島が，異なる島として地図に記載され

暦年	船名，発見者など	国名	鬱陵島	竹島／独島	備考
1787	ラ・ペルーズ艦隊	フランス	ダジュレー島（北緯37°25′，東経130°56′）		ヨーロッパ人で最初に「発見」
1789	アルゴノート号	イギリス	アルゴノート島（北緯37°52′，東経129°50′）		ダジュレー島とは別の島と考えた
1840/1852	シーボルト著『日本人作成による原図および天文観測に基づく日本国地図』	オランダ	【西】タカシマ（アルゴノート島）【東】マツシマ（ダジュレー島）		島の緯度・経度と発見者名を東西2島それぞれの島名の脇に注記している
1849	リアンクール号（捕鯨船）	フランス		リアンクール列岩	
1854	パルラーダ号（プチャーチン艦隊）	ロシア	〈実測によりアルゴノート島の位置に島はないと確認〉	メナライおよびリヴツツア岩	
1855	ホーネット号（軍艦）	イギリス	〈実測してパルラーダ号と同じ結論となる〉	ホーネット岩	→アルゴノート島は地図上から消える
1880	海軍軍艦「天城(あまぎ)」	日本	〈海図の松島は鬱陵島（ダジュレー島）と同じ島であると確認〉	リアンクール列岩	→これによって日本における2島の島名混同問題は決着

表2　地名呼称の変遷

ることになったのです。その後，1854年になってロシア艦パルラーダ号が測量

したところ，アルゴノート島は存在しないことが判明し，翌55年には英国艦

ホーネット号も同様に確認しました。他方でフランス船リアンクール号は，49

年に当時の「松島」，すなわち現在の竹島／独島を発見して「Liancourt Rocks

※4　江戸時代中期から明治中期にかけて日本海の海運を担った廻船(かいせん)で，蝦夷地の松前から越後・北陸・山陰・瀬戸内海を経て大坂の間を大型帆船で年間2往復した。船主は越前(えちぜん)・加賀(かが)・越中(えっちゅう)・佐渡を拠点に仲間組合を結成し，蝦夷地の海産物と上方の木綿(もめん)・酒などを運搬した。

※5　ちなみに朝鮮半島の地形は，太白(テベク)山脈など海抜2000m以下の山地はあるが，日本のように急峻ではないため，比較的流域の広く急流でない河川を利用した舟運(しゅううん)が主体だった。

（リアンクール列岩）」※6と名付け，こちらは後年になっても同島の欧名として定着することになりました。こうした経緯を経て，明治初年の日本では，鬱陵島は「竹島」，竹島／独島については「リャンコ島」という呼称が一般化したのです。

②江戸時代米子商人の「竹島経営」と安龍福事件

　江戸幕府が寛永2（1625）年に発給したと推定される大谷・村川家への「渡海免許」［史料1］は1回限りのものに過ぎませんでしたが，両家は鳥取藩の支援を受けてそれなりの利益を出す経済活動を行っていました。しかし，主たる活動地である当時の「竹島」（鬱陵島）は本来朝鮮領であり，朝鮮王国がたまたま採っていた「空島政策」に乗じたものでしたから，そのうち破綻することは明らかでした。元禄6（1693）年，慶尚道釜山の漁師である安龍福※7（1657〜?）らが，偶然に大谷船に遭遇し，鳥取まで連行されるという事件が起こったのです。彼らは，この時は対馬を経て朝鮮に送還されましたが，この際の仕打ちに不満を募らせた安龍福は，元禄9（1696）年に自らの意思で渡日し，「鬱陵島・于山島（竹島／独島）ともに朝鮮領である」との主張を行ったのです。

　またこれに先立って，元禄6年のトラブルを問題視した幕府による綿密な資料調査が行われ，当時の「竹島」（鬱陵島）が朝鮮領であったことが判明し，大谷・村川両家には元禄9年に鳥取藩から「元禄竹島渡海禁止令」［史料2］が発令されるに至りました。その後天保7（1836）年に，石見国浜田藩（現在の島根県）の今津屋八右衛門が，「松島」渡海を口実に「竹島」で樹木の隠密伐採を行ったところ露見し，八右衛門は死罪に処せられ，天保8（1837）年に「天保竹島渡海禁止令」［史料3］が全国法令として津々浦々にまで告示されました。

③明治政府による「竹島・松島」版図外決定と
鬱陵島への日本人の侵入

　明治新政府は，新たな領域確定の一環として全国の地籍調査を実施しました。「竹島」・「松島」については，1876年10月16日の島根県からの「日本海内竹島外一島地籍編纂方 伺 （うかがい）」を受けて，旧幕府記録などを精査したうえ，翌77年3月17日に「竹島外一島之義，本邦関係無之（これなし）」（竹島ほか一島については，我が国と関係がない）との太 政 官（だじょうかん）宛申請［**史料4**］を提出し，20日にその旨の指令が決定されました。それは，竹島（鬱陵島）・松島（竹島／独島）ともに日本の版図外（はんと）であるとの極めて重要な内容であったのです。

　しかし，こうした日本側の決定にも 拘（かか）わらず，隠岐島民をはじめとした日本人が鬱陵島に多数移住したことから，朝鮮政府は1882年8月に島長を任命して「空島政策」を撤回し，翌83年4月より本土からの住民の定住を積極的に進めました。その背景としては，遠く慶尚南道巨文島（コムンド）や全羅南道からの出稼ぎ漁民が

※6　1849年1月27日，当時日本海を航行していたフランスの捕鯨船リアンクール号が従来知られていなかった竹島／独島を目視し測量した。帰国後，船長がフランス海軍省に報告書を提出し，これを50年発行の「水路誌」と翌51年の「海図」に「Liancourt Rocks（リアンクール列岩）」の名で掲載した。これによって，地理的に正確な島の位置と名称が世界的に広く知られることになった（이진명（李鎮明）［2005改訂］p.59）。

※7　朝鮮王国粛宗（スクチョン）（在位1674〜1720）時代に活動した人物。池内敏によれば，出自は奴婢（ぬひ）とされる。慶尚道東萊倭館（トンネウェガン）の近くに住んでいたことから日本語を習得した。元禄6（1693）年4〜6月の偶然の渡日と，同9（1696）年5〜8月の自己意思による再来日を通じて，日朝両国の史料に記載されたことから有名になった。帰国後は朝命に背いたとして死刑判決を受け，流刑（るけい）に減刑されたが，その後の消息は不明。韓国では「独島を守った英雄」として歴史教科書にも必ず登場するが，日本では下條正男のように「虚偽の供述」をする男とする説もある（下條正男［2004］，29〜91頁，한국해양수산개발원（韓国海洋水産開発院）［2011］p.208，池内敏［2012］152〜191頁）。

鬱陵島で若芽漁や造船活動を行っていたことがあります。しかしこれらの人々は日本人漁民との競争に対抗できず，同島では朝鮮人は農業を，日本人は漁業と商業を営むという一種の「棲み分け」が定着していきました。

④1900年の大韓帝国政府の「勅令」公布と独島

　当時の大韓帝国の統治は，前章で述べたように，大日本帝国の圧力により，大きな制約を受けていました。こうした困難な状況にあっても，韓国の人々は日本帝国主義に対する抵抗を続けました。韓国政府もまた，その領土主権を守ろうとして努力しました。そうした政策の一つとして，1900年10月25日公布・施行の「勅令第41号」[史料6]が挙げられます。その内容は，鬱陵島を「鬱島郡」に昇格し，管轄区域として「鬱島全島・竹島・石島」と定めたもので，当時の『官報』にも掲載されました。現在の韓国では，ここに言う「竹島」は竹島／独島のことではなく，鬱陵島のすぐ近くにある竹嶼のことであり，「石島」が現在の竹島／独島に当たるとの解釈が定説で，教科書などでもそう説明されています。しかし，この勅令の決定的な弱点は，地域が正確な経度・緯度で特定されていないことであり，「石島」を当時の韓国政府が未だ把握していないはずの，日本軍艦の記録した「独島」と同一視していることです。またここに言う「石島」に対する地籍調査や徴税など，韓国政府による行政権行使の史実がまったく確認できていません。つまり，近代国際法上の領土取得の要件とはかけ離れていて，この勅令で独島の領土編入がなされたとは到底評価できないのです。

　ここで，第2章（1）でも触れた朴炳渉の主張（31頁）を見てみましょう。彼はこの頃の韓国が近代国際法の適用対象国ではないとしていましたが，そもそも国際法が適用されない前近代においても，「広義の国際法」秩序が厳然とし

て存在したという柳原正治の学説に立って考えれば，独島は国際法上も朝鮮の「固有領土」であると言うことができるともしています。具体的には，1696年の「元禄竹島渡海禁止令」を朝鮮王国に伝えた江戸幕府の書契は[8]，「広義の国際法」である国際条約で，この時点ですでに朝鮮の独島に対する領土主権は確立しており，したがって1900年10月の大韓帝国勅令はたんにその行政区画を確認したに過ぎない，という論理構成です[9]。

　ただし，この論法は国際関係史を一方の側からしか見ていないという弱点があります。朝鮮では，朝鮮王国から大韓帝国へ移行した際，李王家や支配階級に特段の政治的変革を採りませんでしたが，近代の日本では，江戸幕府から明治新政府への明確な政権移行がありました。したがって，1877年3月に出された，「竹島・松島」を版図外とする日本側の太政官指令は，内容的には江戸時代の「元禄・天保竹島渡海禁止令」を継承したものでしたが，まったく新しい法形式を採り，前近代の国際条約を国内的措置だけで再確認したものでした。その意味で日本側から見れば，前近代の国際条約は形式上継承されず，日本の版図外だからと言って，朝鮮領と見做すという積極的な意思表示はなく，竹島／独島に対する朝鮮側の明示的な領土編入の法的行為と実効支配がない限り，客観的には独島は依然として「無主地」と考えざるを得ないのです。

※8　この禁止令は，鳥取藩宛て，つまり国内措置であったが，外交交渉を担った対馬藩を訪れた訳官を通じて，翌1697年1月頃に朝鮮政府に伝達された（池内敏［2012］321頁）。

※9　朴炳渉［2017］157～158頁。

⑤1905年の大日本帝国政府による竹島領土編入

　前章で述べた日露戦争の最終的な勝敗を分けたのは，遠く北欧方面から派遣されたバルチック艦隊を迎え撃った日本海海戦でした。日本海周辺は決戦の現場として早くから注目され，海軍水路部当局も検討を重ねており，1904年9月2日には鬱陵島に望楼と電信線を開設していました。

　ちょうどその頃，現在の竹島の領土編入とその貸し下げを日本政府に依頼してきたのが，隠岐島の漁業家中井養三郎※10（1864〜1934）でした。彼は1903年夏季に竹島に群生する海驢を発見し捕獲に乗り出しましたが，競争者のために満足できる実績を挙げることができなかったのです。中井は，竹島が朝鮮領かもしれないと思っていましたが，農商務省に打診したところ，肝付兼行（1853〜1922）海軍水路部長や山座円次郎（1866〜1914）外務省政務局長の後押しを受けたのでした。そして，中井は翌04年9月29日付で「りゃんこ島領土編入 並 貸下願」を内務・外務・農商務各省に提出，05年1月28日の閣議で承認され［史料7］，2月22日に「島根県告示第40号」として「隠岐島司の所管」とされました。これは地方新聞には掲載されましたが，政府の『官報』には掲載されませんでした。ただし，その告示には緯度・経度が正確に表示され，土地台帳への記載，漁業鑑札の下付など行政的な手続きが揃っており，第三国への通告はなくても当時の国際法上の要件を満たしていました。一方，竹島での望楼と電信線の開設は05年5月27〜28日の日本海海戦に間に合わず，実戦の戦果には直接にはつながりませんでした。

　ここでは，この重大な領土編入が実質的な相手国である韓国側にどのようにして伝えられたのか，を確認しておく必要があります。その伝達は，島根県で編成された竹島調査団が1906年3月28日に，将来的な開拓の予備調査のため鬱陵

島を訪れた時に行われました。その際，隠岐島司東文輔と事務官神西由太郎ら
が鬱島郡庁を訪れ，沈興澤郡長に対し，竹島すなわち独島が日本に編入された
ことを伝えたのです。これは独島を管轄する責任者である沈郡長にとって，ま
さに寝耳に水の出来事でした。彼は慌てて翌29日に江原道観察使の李明菜に
報告［史料8］し，さらに内部大臣の李址鎔（1870〜1928）と参政大臣署理
の朴斉純にも順次報告されました。彼らは皆これを遺憾なこととし，当時の代
表的新聞である『皇城新聞』や『大韓毎日申報』もその経緯を報道しましたが，
これらはすべて日本の行為を侵略と捉えたものでした。

　こうした相手国への通告の仕方は，まったくリスペクト精神に欠けたもので
すが，帝国主義的な領土拡張も当時の国際法では違法とはされず，他の国々か
らも何ら異議はありませんでした。しかし韓国の官民からすれば，日ごとに大
日本帝国の侵略が強化されるなかでのこうした事件は，まさに「独島は韓国併
合の最初の犠牲」という想いを駆り立たせるに十分なものだったのです。

⑥ 植民地期鬱陵島における日朝両国民の生業

　竹島／独島の強制編入がきっかけとなった訳ではありませんが，1910年8月
「韓国併合」が実施され，朝鮮総督府による植民地支配が開始されました。

　この時期の鬱陵島や竹島／独島の状況について見ていくことにしましょう。
鬱陵島は大韓帝国期の1907年12月に江原道から慶尚南道の管轄に移行し，さ

※10　旧伯耆国（現在の鳥取県西部）久米郡小鴨村の醸造家に生まれる。小学校を卒業後，1888年頃
　　　長崎においてロシア海域の潜水器漁業を起業し，92年以降朝鮮沿海にも出漁，94〜97年には
　　　伯耆・石見地方でも操業するが失敗に終わる。その後，拠点を隠岐島西郷に移し，竹島／独島
　　　に生息する海驢漁に着目，1903年から本格的に捕獲を開始した。

らに併合後の14年3月には慶尚北道に移管されましたが，郡政の制度に変化はありませんでした。しかし併合後，首長である郡長にはすべて日本人が任命され，15年6月からは郡長が警察署長をも兼務することとなりました。

　ここで注目しておきたいのは，島における日本人と朝鮮人の人口の変化とその生業です。福原裕二の研究[11]によれば，日本人は併合後も増え続け，1912年6月と14年9月には2000人超という統計もあり，1000人を下回るのはようやく20年9月のことでした（朝鮮人8141人に対し，日本人800人）。その後は朝鮮人が増加する一方，日本人が減っていき，29年9月には日本人が500人を割り，朝鮮人は30年10月に1万人を超えます。植民地期の最終統計となった44年9月の記録では，朝鮮人1万5651人に対し，日本人479人でした。

　より重要なのは島民の職業で，少数の官吏を除いて日本人の大部分が商業と漁業に従事していたのに対し，当初は朝鮮人のほとんどが農業で生活を立てていました。日本人の出身地を見ると，島根・鳥取の両県が約8割を占め，なかでも隠岐島民が目立って多かったのです。彼らの多くが従事した漁業，とくに烏賊漁の操業や加工は隠岐式で，これが次第に朝鮮人たちにも伝播していきました。日本人の定住状況の変化は，この烏賊漁の盛衰と結び付いており，人口の漸減はその不振を示すものでした。

　1925年5月には，慶尚北道の水産出張所が鬱陵島に開設され，30年代には，朝鮮人の生業にも少なからぬ変化が見られるようになりました。漁業を営む人たちの人口増加が顕著になり[12]，なかには日本人とともに竹島／独島方面に出漁する者も出始めました。他方で，日本の竹島編入の口実とされた海驢が激減したことによって，隠岐島からの出漁が減少し，これに反するかのように，鬱陵島から出漁した船による鮑・栄螺と海藻類の漁獲が増加していきます。これら

の漁業権は隠岐島から鬱陵島の住民に転売されたもので，鬱陵島には缶詰工場も建設されました。37年前後には毎夏鬱陵島から竹島／独島に向けて水産試験船が巡回していたほど，鬱陵島と竹島／独島の関係は密接なものとなっていましたが，他方では同時期に，隠岐島の島根県立水産学校が同島での校外実習を計画していたとの資料[13]も，最近になって発見されています。

　ここで確認しておきたいのは，植民地支配下でも本来であれば鬱陵島から竹島／独島への出漁は「渡航証明書」[14]が必要なのですが，そういった記録は一切見当たらないことです。つまり植民地期を通じて，竹島／独島が隠岐島の属島から鬱陵島の属島へと転化するという皮肉な結果が生じたと言えるでしょう。1905年に竹島／独島を島根県に領土編入した措置によって鬱陵島と竹島／独島に間に引かれた「国境線」が，10年の「韓国併合」により実質的に消滅したと考えられるのです。つまりは日本帝国主義によるマクロな統治政策が，朝鮮人によるミクロな領有意識を強化したということです。そこでは，国家的ナショナリズムを超越した地域ローカリズムが優勢になるメカニズムが働き，植民地支配から解放された後の朝鮮人による竹島／独島の実効支配への伏線ができていたと考えることができます。こうした地理的な近さが特定の領域の実効

※11　福原裕二［2013］参照。

※12　坂本悠一［2016］8頁の統計を参照。

※13　「島根県立商船水産学校一覧（昭和9年度）」（2015年度内閣官房委託調査「竹島に関する資料調査」首相官邸HP，https://www.cas.go.jp/jp/ryodo/report/takeshima.html）。

※14　第一次世界大戦による日本内地の労働力需要の増加により，朝鮮半島からの労働者の流入が急増した。これに対し朝鮮総督府は様々な渡航規制措置を講じ，1924年6月から「渡航証明書」の携帯を制度化した。日中戦争で内地の労働力が不足したことにより，39年12月に総督府警務局長の通牒により既住朝鮮人の家族移住が承認されるまで，長期間にわたり実施された（金廣烈「戦間期における日本の朝鮮人渡日規制政策」『朝鮮史研究会論文集』第35集，1997年）。

支配につながりやすいという事実は，近代国際法においても「地理的近接性」※15の理論として認められており，韓国側がしきりに「地理的」を強調することには，こうした理由があるのです。

⑦日本敗戦後のGHQ-SCAPによる一連の政策

　1945年8月，日本は第二次世界大戦に敗れ，連合国軍の占領下に入ります。すべての植民地を失い，沖縄・奄美・小笠原は米軍の，千島列島全域・色丹島・歯舞群島はソ連軍の直接統治下に入りました。では，朝鮮に最も近い竹島／独島はどのような取り扱いを受けることになったのでしょうか。

　東京に置かれたGHQ-SCAP※16（連合国軍最高司令官総司令部）は，1946年1月29日にSCAPIN（連合国総司令部覚書）-No.677「若干の外郭地域の日本からの政治的・行政的分離」[史料9]を出して，日本から竹島／独島の施政権を剥奪しました。さらに同年6月22日にもSCAPIN-No.1033「日本の漁業および捕鯨業の認可区域」[史料10]で，竹島／独島の海域での操業を禁止します。ただしこれらの覚書は，連合国の最終的決定ではなく，当面の措置であるとの断り書きがありました。また他方では，米本国の国務・陸軍・海軍三省調整委員会（SWNCC）により46年6月24日に作成された「59/1文書＝旧日本支配下の委任統治領およびその他の周辺の島嶼などに対する信託統治または他の処理方法」では，「ダジュレー島・リアンクール岩」つまり鬱陵島と竹島／独島について「朝鮮の一部と考えられ，歴史的にも行政上も朝鮮の一部であって，主として朝鮮人が居住している」と記述※17されていました。

　続いて米国政府は，1946年10月から「対日講和委員会」で講和条約草案の起草を開始しました。それらの当初の案文は日本に対して制裁的な内容で，例

えば国務省極東局の47年3月19日草案，同年8月5日改定案，48年1月8日改定案ともに，「済州島・巨文島・鬱陵島はもちろん竹島／独島も経度緯度を明記して放棄すべき島」として明記[18]されていました。

　これ以降は米ソ対立，いわゆる「冷戦」により世界情勢が急変し，とくにアジアでは1948年9月の朝鮮民主主義人民共和国，49年10月の中華人民共和国の建国があって，米国の対日政策も日本を「反共の防波堤」にするという方向に転換していきます。国務省の条約諸草案[19]では，なお竹島／独島を日本の領域から除外していました。これに対しGHQではシーボルト（William Joseph Sebald，1901～80）政治顧問が，49年11月14日付の電報と19日付の書簡を本国に送り，再検討を要請しました。その理由としては，「日本の主張は古くま

※15　Jennings,Watts［1992］p.690，許淑娟［2012］35頁。

※16　General Headquarters, the Supreme Commander for the Allied Powersの略称。対日占領政策を担当する連合国軍の機関。1945年8月14日には米太平洋陸軍総司令官であったマッカーサー（Douglas MacArthur，1880～1964）元帥がSCAP（最高司令官）に就任し，9月2日調印の降伏文書と同日の詔書で帝国政府はその指示に従う旨が明記され，間接的な統治が実施された。米英豪軍を含む連合国10か国が関与できる組織も設置されたが，実質的に始動していた米国の単独占領を追認せざるを得ない地位に留まった（豊下楢彦［1992］参照）。

※17　原文は，"FRUS" 1951. Vol.6. Part 1, p.1203, foot note 3に収録。訳文は原貴美恵［2005］42頁，竹内猛［2013］14頁を参照。

※18　日本国内で原文は公刊されていないが，韓国の"独島資料Ⅰ"pp.8-11，"対日講和条約資料集"pp.45-51，이석우（李碩祐）［2007］pp.317-318に収録。訳文は，原貴美恵［2005］43～45頁，竹内猛［2013］45～46頁を参照。

※19　1949年10月13日，11月2日の作成案。10月草案については国内で原文は公刊されていないが，"独島資料Ⅰ"pp.42-48，"対日講和条約資料集" p.107，이석우（李碩祐）［2007］pp.320-322に収録。内容の要約的紹介は原貴美恵［2005］47～48頁を参照。11月草案は"FRUS" 1949, Vol.8, p.900と이석우（李碩祐）［2007］pp.322-325に収録。訳文として竹内猛［2013］62頁を参照。

た妥当で，米国の安全保障上からも日本領とすべき」[20]というものでした。こ
れを受けた同年12月29日国務省改定草案[21]では，初めて「竹島／独島を日本
領土」とすることが書き込まれたのです。さらに翌50年7月18日の国務省「解
説書」では，「1905年に日本による正式な主張がなされ，朝鮮による抗議もなく，
島根県隠岐支庁の管轄下に置かれた。朝鮮名を持っておらず，今までに朝鮮に
よって主張されたことがない」[22]と断定的に書いていました。こうした態度の
変化の原因としては，日本外務省が45年11月〜50年12月にわたって作成し，
諸外国に送付した合計36冊の英文調書の影響も見逃すことができません。そこ
では，「竹島／独島は鬱陵島とともに日本に帰属すべき地理・歴史的根拠があ
る」[23]と強調されていました。

　この竹島／独島の軍事的役割については，すでに1947年9月16日のSCAPIN-
No.1778[24]で米軍の射爆場に指定されており，48年6月8日に同島で操業して
いた朝鮮人漁民への誤爆事件（死亡・行方不明14名）の後，南朝鮮過渡政府
（1947年6月3日に米軍政が民政移管までの暫定行政府として設置）からの要
請で演習は一時的に中止されましたが，朝鮮戦争最中の51年7月6日には
SCAPIN-No.2160[25]によって再度射爆場に指定されました。52年4月28日サ
ンフランシスコ講和条約の発効と同時に失効しましたが，これらの指令はいず
れも日本政府宛てに行われ，日本が独立を回復した後に行われた3回目の射爆
場の指定と解除も[26]，日米合同委員会（日米安全保障条約に基づく日米行政協
定第26条第1項によって設立）の議決手続によって実施されました。こうした
米国の態度は，竹島／独島が日本領であるとの認識を持っていたことが背景に
あると推察されます。しかし他方では，南朝鮮過渡政府が47年8月20日に行っ
た独島での「捜索・学術調査」，さらに50年6月8日に慶尚北道当局が行った，

先の誤爆事件による犠牲者の慰霊祭を容認するなど，必ずしも韓国側の実効支
配を否定するものではありませんでした。

⑧サンフランシスコ講和条約と「ラスク書簡」

　1949年1月21日，米国ではアチソン（Dean Gooderham Acheson, 1893〜
1971）が新しい国務長官に就任し，日本との講和において全連合国が参加する
「全面講和」よりも自由主義諸国による「多数ないし単独講和」の方針に転換
していきます。アチソンが50年4月6日に講和問題顧問に任命したダレス（John
Foster Dulles, 1888〜1959）は，従来の講和条約草案を全面的に再検討し，
6月下旬には韓国と日本を相次いで訪問します。ちょうどその年の6月25日には
朝鮮戦争が勃発し，彼は極東における日本の「軍事基地」としての役割を痛感
したと推察されます。米国国務省は同年9月11日に「対日講和7原則」を策定し
ますが，その第3項「領域」[27]では，日本の地理的範囲の規定はまったく除外さ

※20　原文は"FRUS" 1949, Vol.7, p.900に収録。訳文として原貴美恵［2005］49頁，竹内猛［2013］
　　　64〜65頁を参照。

※21　国内で原文は公刊されていない。"対日講和条約資料集"pp.162-164, 李碩祐［2007］p.328
　　　に原文が収録。訳文として竹内猛［2013］66頁を参照。

※22　原文は"独島資料Ⅰ"pp.80-125, "対日講和条約資料集"pp.144-151に収録。訳文は竹内猛
　　　［2013］67頁を参照。

※23　英文の原本は，NARA（米国国立公文書館）に所蔵されているが，日本語訳はない。"対日講和
　　　条約資料集"pp.56-60に抄録。抄訳は竹内猛［2013］36〜37頁を参照。

※24　原文は，『GHQ司令総集成』第12巻5691頁に収録。

※25　原文は，『GHQ司令総集成』第14巻7221頁に収録。

※26　1952年7月26日に指定，53年3月19日に解除。川上健三［1996］252〜256頁。

※27　原文は"FRUS" 1950, Vol.6, pp.1296-1297に，訳文は『日本外交文書（サンフランシスコ平
　　　和条約・対米交渉）』96〜98頁に収録。

	年月日	米国草案	英国草案	竹島／独島に関する記述
①	1947.3.19	○		日本が放棄する島嶼として竹島を明記
②	1947.8.5	○		〃
③	1948.1.8	○		〃
4	1949.9.7	○		〃
⑤	1949.10.13	○		〃
⑥	1949.11.2	○		〃
7	1949.12.8	○		日本の領土として竹島が明記
8	1949.12.19	○		韓国の領土として独島が明記
⑨	1949.12.29	○		日本の領土として竹島が明記され,韓国の領土として独島が含まれない
10	1950.1.3	○		〃
⑪	1950.7.18	○		〃 (国務省解説書)
12	1950.8.7	○		竹島の帰属に関する記述なし
⑬	1950.9.11	○		〃 (対日講和7原則)
14	1951.2.28		○	日本の西北境界は, 隠岐・竹島・鬱陵島・済州島
⑮	1951.3.12	○		竹島の帰属に関する記述なし
16	1951.3.17	○		〃
17	1951.3.23		○	竹島は日本領外
⑱	1951.4.7		○	〃
⑲	1951.5.3	○	○	竹島の帰属に関する記述なし
⑳	1951.6.14	○	○	〃
21	1951.7.3	○		〃
22	1951.7.20	○		〃
23	1951.8.13	○		〃

注：表中の○は, 米国草案・英国草案いずれに該当するかを示す。両欄に○印があるものは米英共同草案。
　　番号に○を付した草案は本書の脚注で出典を示したもの。

表3　対日講和条約の草案と竹島／独島の取り扱い

れていました。その後の諸草案, 例えば51年3月12日の改定草案[28]でも竹島／独島についての言及はありませんでした。その要因としては, 朝鮮戦争の戦況を観察する必要と, 竹島／独島を朝鮮領とする英国の草案との調整があったと考えられます。すなわち英国外務省では, 米国に遅れて51年2月から草案が作成され, 4月7日の最終草案では, 竹島／独島を日本領外としていました[29]。そ

の後，米国と英国との草案協議は難航しますが，結局英国は51年3月23日の改定草案を基礎にした51年5月3日と6月14日の米国との共同草案※30，つまり竹島／独島に言及しない案文を最終案として確定せざるを得なくなりました。

　この米英共同草案は7月7日に日本政府に内示され，同13日には梁裕燦※31（양유찬，1897〜1975）駐米韓国大使にも伝えられました。これを受けて，韓国政府は同月19日付の公文で，「独島と波浪島（済州島の南東約150kmの東シナ海にある暗礁で別名は離於島）を韓国領とする」旨を要求しました。米国側は8月10日にラスク※32（David Dean Rusk，1909〜94）国務次官補が回答を送り，「平素は無人島であるこの岩礁群は，……これまで韓国の一部として取り扱われたことが決してなく，1905年頃から日本の島根県隠岐支庁の管轄下にあります」と，その要求を全面的に拒否したのです。これが日韓の領有権論争でも有名ないわゆる「ラスク書簡」[史料11]と呼ばれるものです。日本側ではこの書簡を強調して領土主権を主張する論者が多いのですが，韓国側では研究者も

※28　原義は"FRUS" 1951, Vol.6, Part I, p.945に，訳文は『日本外交文書（サンフランシスコ平和条約・対米交渉）』341〜347頁に収録。

※29　原本はTNA（英国国立公文書館）の所蔵で，日本国内では閲覧できないためWikisouce "Draft Treaty of Peace with Japan" もしくは"対日講和条約資料集"pp.206-210と"独島資料Ⅰ"pp.299-336を参照。抄訳は原貴美恵［2005］58頁，竹内猛［2013］81頁を参照。

※30　原文は"FRUS" 1951, Vol.6, Part I, p.1119-1120と李鐘祐［2007］p.338〜339に収録。訳文は原貴美恵［2005］59・61頁，竹内猛［2013］85・88頁を参照。

※31　韓国の医師で外交官。釜山に生まれ，1916年にハワイに移住。51年4月に第2代駐米韓国大使・国連総会主席代表に就任，また51年10月〜53年7月に韓日会談の主席代表も務めた。

※32　米国の海軍軍人で外交官。1922年海軍兵学校で日本語を学び卒業。第一次世界大戦に参戦。25〜28年駐日大使館付武官。33年メリーランド大学を卒業し，日本で弁護士を開業。対日開戦後は海軍に復帰し，情報局の戦闘情報部門で活動。45年9月GHQ-SCAP政治顧問団特別補佐，47年9月〜52年3月GHQ-SCAP外交局長・対日理事会米国代表などの要職を務めた。

政府もこれにはあまり触れません。

　私は，米国高官の書簡であるとは言え，これをもって条約の一方的な解釈をするには，余りにも問題の多い資料だと考えています。韓国の鄭秉俊（チョンビョンジョン）は，米英両国の条約草案を綿密に解読した研究書を刊行していますが，そこではこの書簡の作成された背景として米国務省の地理調査官ボッグス[33]（Samuel Whittemore Boggs, 1889〜1954）の1951年7月31日付報告書を分析し，彼らが日本外務省の英文調書にどれだけ強く影響されていたのかを指摘しています[34]。つまりまだ建国から日が浅く，また朝鮮戦争で首都ソウルが陥落し，さらに梁駐米大使に至っては朝鮮語もできないという，日本との情報発信能力の圧倒的な格差が，米国務省への影響力の違いを生んだと言えるでしょう。

　サンフランシスコ講和条約は1951年9月8日，日米安保条約と同時に調印され，翌52年4月28日に発効しました。その朝鮮領域関係条文の全文は，「第2条（a）日本国は，朝鮮の独立を承認して，済州島，巨文島及び鬱陵島を含む朝鮮に対するすべての権利，権原及び請求権を放棄する」とあり，問題の竹島／独島には何ら言及がないのです。日本側では多くの国際法学者をはじめとして，条文に記載のないことをもって竹島の領有が承認されたとし，対する韓国側では政府はじめ多くの研究者も，これによってそれまでのSCAPIN諸指令がなお有効であり，独島は韓国領だと主張しています。

　しかしながら，この条文自体からこうした結論を導くことができるかどうかは，慎重に判断されなくてはなりません。先に述べたように，激化するアジア冷戦情勢と複雑な条文案の推移を慎重に検討すれば，米国は敢（あ）えてどちらにでも解釈できる曖昧さを含めたのだと考えられます。かつて強硬な「ラスク書簡」を発出して韓国側の要求を拒否した米国側でも，条約調印後に次のような注目

すべき文書が作成されていました。それは1952年10月3日付の駐日米国大使館から国務省宛ての秘密書簡で，「韓国漁夫は定期的に漁業目的でリアンクール岩へ行き操業している……その岩はかつて<u>朝鮮王国の領土であった</u>。もちろん日本がその帝国主義勢力を伸ばしていた時は，<u>韓国の他の領土とともに日本に併合された</u>。その帝国統治の過程において，日本政府は公式にこの領土を日本に帰属させ，県の行政管轄下においた」※35と述べられています。漁業活動などの実効支配については，日本でも「終戦直後から『南朝鮮』領域として……米軍政庁下におかれ，韓国が独立するや韓国政府の行政下におかれた」と評価する竹内猛の見解※36が出されています。確かなことは，米国としてはその帰属を意図的に曖昧にしながらも日韓両国の領有権争いには加担せず，実態としては韓国側の実効支配を黙認したと解釈するのが妥当だと思われます。

⑨1952年の「李承晩ライン」と独島の占拠

　さて，サンフランシスコ講和後の日韓の国交樹立は，両国をともに「目下の同盟国」とする米国にとっても，アジア情勢の安定化のために是非とも必要な懸案でした。したがってGHQのシーボルト外交部長の斡旋によって，日韓両国の予備会談が開始されたのは，条約締結からわずか約1か月後の1951年10月

※33 米国の地理学者で国務省の官僚。1909年にベレア大学を卒業し，16〜24年アメリカンブック出版社で地理調査と地図編集を担当した。24年コロンビア大学で地理学修士号を取得し，24年10月〜54年9月に国務省地理担当官として勤務した。39〜42年コロンビア大学教授。

※34 정병준（鄭秉俊）[2010] pp.753-765

※35 原文は"独島資料Ⅱ"p.86と内藤正中・朴炳渉[2007]333〜336頁に，訳文は同書329〜330頁に収録（下線は引用者による）。

※36 竹内猛[2013]97頁。

20日でした。ところが翌52年1月18日には李承晩^{※37}（이승만，1875〜1965）
大統領の「海洋主権宣言（国務院告示第14号）」いわゆる「李ライン」（図21）
が発出されたことによって交渉は出だしから大きなつまずきを迎えたのです。
これは先に述べたSCAPIN-No.677のいわゆる「マッカーサー・ライン」と呼
ばれる漁業水域を，その失効前に継承しようとするものでした。

　さらに韓国は1953年12月12日，「漁業資源保護法」を公布・施行して，「李
ライン」内で操業する外国，つまり日本漁船を拿捕して乗組員を抑留するなど
の強硬な措置を取ることとしました。しかし，この問題で韓国側を強く批判する

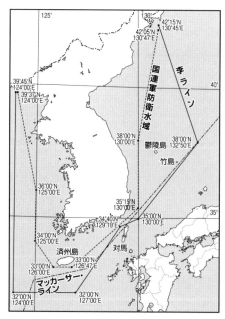

図21　李承晩ライン　国連軍防衛水域とは，1952年9月27日に
朝鮮派遣国連軍が設定したもので，53年8月27日に解除された。

藤井賢二の研究によっても，竹島／独島周辺海域で拿捕された日本漁船はほぼ皆無と見られます[※38]。したがって李ラインは「マッカーサー・ラインという韓国漁業にとっての〈既得権益の確保〉を主目的として発案され……〈日韓会談の交渉材料〉ということも強く意識した複合的な目的・性格をもった宣言に変化・発展していった」とする竹内猛の見解[※39]が妥当ではないかと思われます。ただ実態としては，李ラインを盾（たて）にして53年4月から駐屯（ちゅうとん）を開始した鬱陵島民からなる「独島義勇守備隊」と，56年4月にそれを継承した慶尚北道警察部隊，さらに96年2月からは海洋警察部隊による実効支配の強化につながったことは否定できないでしょう。

⑩1965年の日韓諸条約による曖昧な「決着」

　1951年10月に開始された日韓会談[※40]は通算計7次に及び，その議題は多岐にわたりますが，漁業問題のほかにも，植民地支配に起因する賠償問題や，在日韓国／朝鮮人の法的地位などを巡って両国の対立は鋭く，難航が続きました。

※37　朝鮮の独立運動家で政治家。黄海道（ファンへド）に生まれ，1898年に政治活動により逮捕・投獄され，1904年の釈放後，渡米した。10年プリンストン大学で政治学博士号を取得。19年4月に上海で組織された「大韓民国臨時政府」の初代国務総理兼大統領に就任（1925年3月解任）。45年10月に南朝鮮に帰還。48年5月10日の国連監視の南朝鮮単独選挙で，彼の率いる韓国民主党が多数を制し，8月15日に大韓民国初代大統領に就任した。強権的な政治手法で独裁体制を敷き，60年3月15日の大統領選挙で四選を果たすが，不正投票に反対する4月19日の学生デモを契機に抗議活動が全国的に展開され，29日米国ハワイに亡命した。

※38　藤井賢二［2018］73頁の図2-6参照。

※39　竹内猛［2013］114頁。

※40　研究文献は多いが，全般については吉澤文寿［2015］と金恩貞［2018］を，請求権問題については太田修［2015］を，竹島／独島問題については崔喜植［2011］を参照。

さらに53年10月15日に日本側主席代表が植民地支配を正当化する「久保田発言」※41を行ったことにより第3次会談が決裂し，4年以上にわたって中断しました。しかし，ここまでの交渉では韓国側の強い反対により，竹島／独島の領有問題は一度も正式の議題には上りませんでした※42。

　1961年5月16日に韓国の軍事クーデターで朴正熙※43（박정희，1917〜79）が政権を握ると，「反共・親米」の日韓関係を構築するための交渉が本格化しました。同年10月20日に再開された第6次会談では，軍事政権維持のために「開発独裁」※44の資金を必要とした韓国側と，これを機に難問の「請求権問題」を一気に解決したい日本側の思惑が一致して，62年11月12日の大平正芳（1910〜80）外務大臣と金鍾泌（김종필，1926〜2018）中央情報部長との会談で，「賠償」ではなく「経済協力」として有償2億ドル・無償3億ドルの生産物および役務の供与という内容で合意が成立しました。

　残された竹島／独島問題については，非公式会談で，島の共有や爆破論なども出たようですが，お互いに暗黙のうちに「解決せざるをもって解決したとみなす」として現状を追認し合うという「密約」[史料12]が交わされたものと推定されています。公式には「紛争処理に関する交換公文」※45を批准して，紛争の2国間外交交渉と第三国の調停によって解決を図るという趣旨です。なお，この諸条約に含まれる日韓漁業協定によって，懸案の「李ライン」は撤廃され，韓国側に12海里の「漁業専管水域」とその外側に「共同規制水域」を設定し，具体的な操業は漁業共同委員会を設置して協議することになりました。

※41 1953年10月6日に開始された第3次会談中15日の第2回請求権委員会において，日本側首席代表の久保田貫一郎（1902〜77）は，「日本の支配は朝鮮にとって有益であり，……朝鮮の独立，在朝日本人の引揚や財産の処分などは国際法違反である」との趣旨の発言を行った。韓国側代表団はこれに猛反発し，26日の本会議で退席し会談は中断した。その後水面下の交渉を経て，57年12月31日に日韓両国が久保田発言を正式に撤回するとの合意文書を締結し，58年4月15日には第4次会談が再開されるに至った（詳しくは金貞恩 [2018] 99〜104，120〜123，157〜158頁を参照）。

※42 日韓会談で回避された領有権論争を代行するものとして，1953年7月から65年12月にかけて，両国政府は各4回，計8回の「口上書」の交換を行って論戦を継続した（詳しくは池内敏 [2016] 191〜218頁を参照）。

※43 韓国の軍人で政治家。慶尚北道で生まれ，満洲国軍官学校予科や日本の陸軍士官学校（第57期）に留学し，卒業後は満洲国軍に入隊した。1946年5月に南朝鮮に帰国後，12月国防警備隊士官学校を卒業し，47年9月に国防警備隊（48年9月韓国国軍）に入隊。61年5月16日第2軍副司令官在任中にクーデターを起こし，「国家再建最高会議議長」となる。63年10月第5代大統領に就任。その後独裁体制を敷いて，第9代まで大統領を務めたが，79年に入って反政府運動「民主抗争」への対応に苦慮していた最中の10月26日，側近の中央情報部長によって射殺された。

※44 旧植民地から第二次世界大戦後に独立した諸国の独裁的な政治権力が，国民を一体化させるとともに権力の正当化も図って上からの経済開発を積極的に行った。具体的には，韓国をはじめ，タイ・フィリピン・インドネシアなどが該当し，いずれも共産主義に対抗する米国の資金援助に依存していた。その結果経済成長は加速され，後に台湾・シンガポール・香港なども含めてNIES（Newly Industrializing Economies＝新興工業経済地帯）と称されることとなった。一定の経済成長は国民の民主主義意識を高め，後にいわゆる政治的「民主化」をもたらした。

※45 1965年6月22日調印の日韓基本条約と同時に両国外相が交わした付属協定で，同年12月18日に公布された。基本内容は「両国政府は，別段の合意がある場合を除くほか，両国間の紛争は，まず，外交上の経路を通じて解決するものとし，これにより解決することができなかった場合は，両国政府が合意する手続きに従い，調停によって解決を図るものとする」というもの。

むすび―平和的な解決のために

以上に見てきたように，竹島／独島の領有権についての歴史的起源を振り返れば，日韓両政府ともにできるだけ古く遡ってその権原を主張しようとしていますが，いわゆる「近代国民国家」成立以前の前近代には，直接に権原となる史実はほとんどないのです。むしろ，その「近代国民国家」成立の仕方そのものの違いが，両者のこの領域との関連のあり方を決定付けたとも言えます。つまり大日本帝国は，対欧米関係で不平等条約下に置かれながらも，日清・日露戦争でこれを打破し，逆にアジア諸国に対して帝国主義的侵略の道に突き進みました。その最大の侵略対象が大韓帝国であり，朝鮮人民だったのです。この重たい事実を抜きにして，領土問題はもちろん，日韓・日朝間のすべての懸案を解決することは到底できません。

　本来は戦後の講和条約で解決されるべき植民地支配責任は，1951年9月のサンフランシスコ講和条約が不完全な片面講和であったことから，さらに2国間協議に引き延ばされて65年6月の日韓諸条約としてまとめられてしまいました。しかしこの条約は，基本条約交渉における植民地支配「有効vs無効」論争，すなわち1910年の「併合条約」が当初から無効であったかどうか，に示されているように，「植民地支配責任」を根本的に欠いたものでしかなかったのです。

　また竹島／独島の領有権についても，先に述べた「紛争処理に関する交換公文」での曖昧な規定により，未解決のままに放置されました。この「公文」では，当面の「棚上げ」とともに「現状維持」も含意されていたとされますが[※1]，韓

※1　日韓両国の交渉当事者を丹念に取材した米国人ロー・ダニエル（Roh Daniel）は，河野一郎副首相兼体育担当相の密使である宇野宗佑（1922〜98。のち89年首相）衆議院議員と韓国側の丁一権（1917〜94）国務総理（首相）らにより1965年1月11日にソウルの朴健碩邸で秘密会合が行われ，「竹島／独島密約」がメモとして合意されたとする著書（ロー・ダニエル［2008］）を公刊した。その密約内容の物証はすでに破棄されたと思われるが，会談に同席した当時の読売新聞特派員嶋元謙郎の証言をもとに復元した文言は［史料12］を参照。

国国内の政治的転換，つまり民主化運動による「文民政権」（1993年2月の金泳三<ruby>（김영삼<rt>キムヨンサム</rt></ruby>，1927〜2015）政権）の成立に伴って，かつての軍事独裁政権時代の「密約」は事実上反故<rt>ほご</rt>にされることになりました。具体的には，独島での接岸施設の建設（1995年12月〜97年11月），一般観光客の入島許可（2005年3月申告制，09年6月無制限）など着々と「実効支配」が強化されました。第1章で触れた2005年3月の日本側の島根県「竹島の日を定める条例」の制定は，明らかにこれに対抗する措置でした。そして，さらなる韓国側の対抗措置が，12年8月の李明博大統領の独島訪問でした。

　昨今の日韓のナショナリズムの炎上は過去最悪の状況に陥っています。領土問題は人道的な植民地補償問題とは次元が異なり，比較的解決しやすい問題です。1965年時点から見れば，両国ともにその研究は格段に進展しています。まず両国の持つ知的資源を活用して，過去2回にわたって開催された「日韓歴史共同研究委員会」[※2]を直ちに再開し，真摯<rt>しんし</rt>な再検討を行うべきでしょう。過去には韓国側が「独島問題は俎上<rt>そじょう</rt>に乗せない」としましたが，こうした頑<rt>かたく</rt>なな姿勢から脱して歴史的事実に照らしてお互いの意見を率直に述べ合い，耳を傾ける知識人らしい謙虚な態度が求められています。こうした研究成果を十分に踏まえたうえでの政治的協議で，最終的な解決の展望が探求されるでしょう。

　その場合には，対立を煽<rt>あお</rt>る国家的ナショナリズムの論理ではなく，隠岐島と鬱陵島といった古くからの隣人的関係，いわば地域ローカリズムの交流体験といった知恵を優先すべきでしょう。その場合，独島そのものは，1982年11月6日に韓国の「自然保護区域（天然記念物第336号）」に指定されており，すでに海洋警察部隊による管理が実施されていることから，日本側としては島の領有については現状を追認する選択しかないでしょう。

島の周辺領域では海底資源は確認されていませんから，残る課題は漁業資源の線引きとなるでしょう。これについても1965年6月の日韓漁業協定は，77年5月の日本側「領海法」と「200海里漁業水域」の設定により無効となっており，96年6月23日の橋本 龍 太郎（1937〜2006）首相・金泳三大統領首脳会談では，「領有権問題と切り離して排他的経済水域の境界確定や漁業協定交渉を促進する」旨が確認されています。その後，98年11月28日に新日韓漁業協定が調印され，翌99年1月22日に発効しました。その内容は，竹島／独島を起点とする領海を設定する代わりに「暫定水域（中間水域）」を設定し，そこでは相手国漁船に対し自国の法令を適用しない，いわゆる「旗国主義」[※3]の原則を採用し，さらに日韓漁業共同委員会を開催して具体的な操業・資源管理を実施することとされています。また，北朝鮮との関係では，1977年8月1日に同国が200海里経済水域（EEZ）を設定したことから，同年9月5日に「日朝民間漁業合意書」が締結されました。その後2度の中断を経て1〜2年期限の協定が第7次まで繰り返

※2　2001年10月20日に上海で開催された日韓首脳会談で，歴史教科書を巡る歴史認識についてのギャップを克服する目的で，研究の開始が合意された。両国政府による担当委員の選定を経て翌02年5月から開始された研究の成果は，05年6月1日に公表された。双方の論文は合計54本であったが，共同研究とは名ばかりの両論併記とも酷評された。第2期は05年6月20日のソウルでの日韓首脳会談で開始が合意されたが，新たに教科書問題を対象とすることになり，実際の研究開始は07年4月までずれ込んだ。この間に日本側が「竹島／独島」をテーマとする提案をしたが，韓国側の強い抗議で見送られたという経緯もあった。最終報告書は10年3月23日に公開され，合計59本の論文が含まれていたが，やはり認識の共有は困難との観測が一般的な評価である（木村幹［2010］参照）。第3期を開始するとなれば，委員は政府の指名ではなく専門学界から選び，テーマの選定に制約を設けないなどのルールが必要となろう。

※3　一般的な国際法原則では，船舶や航空機が登録された国に所属し，その国旗を掲げて行動すること。公海や公空など管轄権の及ばない領域での行動は，旗国の管轄のもとに置かれる。この場合は，日韓両国とも公海ではなく，領海やEEZ内での漁業であるから，各々の漁船の取り締まりは，その所属国の担当機関（日本の水産庁，韓国の海洋警察本部）の公船が任務を担当することになる。

され，93年末をもって期限切れとなったまま断絶しています※4。

　島根県漁業協同組合のHPを見ると，2006年6月10日の総代会の特別決議として，「半世紀に亘（わた）って韓国に不法占拠されており，……暫定水域では，依然として漁業秩序が確立出来ていない」※5として，漁業資源の保護を領土主権確立要求の根拠としています。せっかくの漁業協定と共同委員会の設立が，一方的な漁獲や乱獲につながらないような漁業秩序の確立が求められます。そのためには，山陰沖の操業の監視に当たる日本の水産庁（境 港（さかいみなと）漁業調整事務所）の漁業取締船と韓国の海洋警察（東海地方海洋警察庁）の船舶間のホットラインなども考慮されてよいでしょう。

　そして両国国民，とりわけ日本の山陰地域と韓国の慶尚南北道・江原道などの住民の交流機会としては，ツーリズムが最も効果的だと思われます。この海域では韓国の海運会社DBSクルーズが舞鶴〜浦項（ポハン）〜ウラジオストク間に就航していましたが，日韓関係の悪化や，いわゆる「新型コロナウイルス感染症（COVID-19）」の流行もあり，2020年1月末に業務を停止し，4月27日に廃業に追い込まれました。これに代わって，境港〜隠岐島〜竹島／独島〜鬱陵島〜浦項といった観光周遊船を運航し，パスポートの提示だけで島の埠頭（ふとう）に立ち入れるようになれば，日韓両市民のより密接な交流が期待できます。

　日本海／東海と竹島／独島を，敵対の海と島から，平和を象徴する海と島にチェンジアップすることこそ，今この時点で大切なことではないでしょうか。両国の政府と国民の成熟した行動に期待したいものです。

※4　詳しくは，濱田武士・佐々木貴文［2020］226〜240頁を参照。

※5　http://www.jf-shimane.or.jp/takesima.html

竹島／独島　史料集

1　「竹島」渡海免許状（寛永2*〔1625〕年5月16日）

　先年，伯耆国米子より竹島（鬱陵島）へ船で渡ったという。それを踏まえて今度また渡海したいと米子町人村川市兵衛・大屋（大谷）甚吉が申し出てきたことについて，大御所**と将軍の判断を仰いだところ，よろしいとの仰せであった。それで竹島（鬱陵島）への渡海を仰せつけることになった。

　　　　五月十六日

　　　　　　　　　　　　　　　　　　　　　　　　　　永井信濃守　　尚政　　判

　　　　　　　　　　　　　　　　　　　　　　　　　　井上主計頭　　正就　　判

　　　　　　　　　　　　　　　　　　　　　　　　　　土井大炊頭　　利勝　　判

　　　　　　　　　　　　　　　　　　　　　　　　　　酒井雅楽頭　　忠世　　判

松平新太郎殿***　人々御中

（池内敏［2016］46頁より）

＊年代は池内の史料批判による。

＊＊第2代将軍徳川秀忠。　　＊＊＊鳥取藩主池田光政。

原典：『大日本史料』第12編之29（（　）内は池内による）

2　元禄竹島渡海禁止令（元禄9〔1696〕年1月28日）

　先年，松平新太郎が因幡・伯耆を領知していたときに幕府に伺いを立て，伯耆国米子の町人村川市兵衛・大屋（大谷）甚吉が竹島に渡海をし，その後現在に至るまでも漁をしてきたが，これからは竹島へ渡海することは禁止するとの将軍の仰せであるから，そのように心得なさい

　　　　正月廿八日

　　　　　　　　　　　　　　　　　　　　　　　　　　土屋相模守　　政直

　　　　　　　　　　　　　　　　　　　　　　　　　　戸田山城守　　忠昌

　　　　　　　　　　　　　　　　　　　　　　　　　　阿部豊後守　　正武

　　　　　　　　　　　　　　　　　　　　　　　　　　大久保加賀守　忠朝

松平伯耆守殿

（池内敏［2016］70〜71頁より）

原典：鳥取藩政史料『御用人日記』元禄9年正月28日条（（　）内は池内による）

3 天保竹島渡海禁止令 (天保8〔1837〕年2月)

このたび松平周防守(康任。浜田藩主)領であった石見国浜田松原浦の無宿八右衛門が竹島(鬱陵島)へ渡海した一件について吟味を行ったところ,右の八右衛門そのほか関係する者たちそれぞれに対して厳しい処分を行った。右の島は,むかしは伯州米子の者たちが渡海をし魚漁などを行ってきたところではあったが,元禄のときに朝鮮へ御渡しになり,それ以来,日本人の渡海を停止するよう将軍から命じられた場所である。それがどこであれ異国へ渡海することは重々御制禁であって,これから以後,右の島についても同様に心得て,渡海を行ってはならない。〔以下略〕

　　　　酉二月

(池内敏〔2016〕104〜105頁より)

原典:『御触書天保集成』下巻 ((　) 内は池内による)

4 日本海内竹島外一島地籍編纂方伺 (明治10〔1877〕年3月17日)

竹島所属の件について,島根県より別紙の伺い出を取り調べたところ,この島については,元禄五(1692)年に朝鮮人が入島して以来,別紙の書類の通り,元禄九(1696)年正月に幕府の協議により,①老中から対馬藩家老への口述,②対馬藩が朝鮮側の訳官に手渡した文書,③朝鮮政府からの「竹島一件」への礼状,④対馬藩が朝鮮政府に送った返書と口上書,を元禄十二(1699)年に至って,各々往復を済ませ,我が国とは関係の無いことと判断されるが,領土の画定は重大な事項なので,別紙の書類を添付して,この通りでよいか確認を求める。

　　　　　　　　　　　　　　　　　　　内務卿　大久保利通代理

　　　　　　　　　　　　　　　　　　　内務少補　前島密

明治十年三月十七日

　　　　右大臣　岩倉具視殿

原典:『公文録・内務省之部(明治10年)』国立公文書館所蔵 (口語訳と (　) 内の西暦は著者による。旧漢字は新字体に改めた)

5 「軍艦新高行動日誌」（明治37〔1904〕年9月25日　抜粋）

> ……松島ニ於テ「リアンコルド」岩実見者ヨリ聴取リタル情報，「リアンコルド」岩，韓人之ヲ独島ト書シ，本邦……漁夫等略シテ「リヤンコ」島ト呼称セリ。……二箇岩礁ヨリ成リ，西嶼ハ高サ約四〇〇呎*，険阻ニシテ攀ルコト困難ナルモ，東嶼ハ較低クシテ雑草ヲ生シ頂上稍々平坦ノ地アリ，二三小舎ヲ建設スルニ足ルト云フ。……

原典：JACAR（アジア歴史資料センター，C09050457300），防衛省防衛研究所所蔵（句読点とルビは引用者による。旧漢字は新字体に改めた）　　＊約120メートル

6　大韓帝国勅令第41号（光武4〔1900〕年10月25日　抜粋）

鬱陵島を鬱島と改称し島監を郡守に改正する件

第1条　鬱陵島を鬱島と改称し，江原道に所属させ，島監を郡守に改正し，官制に編入し，郡等級は五等にすること。

第2条　郡庁の位置は台霞洞に定め，区域は鬱陵全島と竹島，石島を管轄すること。

〔中略〕

附則

第6条　本令は公布日から施行する。

〔以下略〕

原典：大韓帝国政府『官報』光武4（1900）年10月27日発行（訳文は筆者による。旧漢字は新字体に改めた）

7　竹島の日本領土編入の閣議決定（明治38〔1905〕年1月28日）

> 別紙内務大臣請議無人島所属ニ関スル件ヲ審査スルニ，右ハ北緯37度9分30秒東経131度55分，隠岐島ヲ距ル西北85浬ニ在ル無人島ハ，他国ニ於テ之ヲ占領シタリト認ムベキ形跡ナク，一昨36年，本邦人中井養三郎ナル者ニ於テ，漁舎ヲ構ヘ人夫ヲ移シ猟具ヲ備ヘテ海驢猟ニ着手シ，今回領土編入並ニ貸下ヲ出願セシ所，此際所属及島名ヲ確定スルノ必要アルヲ以テ，該島ヲ竹島ト名ケ，自今島根県所属隠岐島司ノ所管ト為サントスト謂フニ在リ。依テ審査スルニ，明治36年以来，中井養三郎ナル者該島ニ移住シ漁業ニ従事セルコトハ関係書類ニ依リ明ナル所ナレバ，国際法上占領ノ事実アルモノト認メ，之ヲ本邦所属トシ，島根県所属隠岐島司ノ所管ト為シ差支無之儀ト思考ス。依テ請議ノ通閣議決定相成可然ト認ム。

原典：『公文類聚（第29編・明治38年）』国立公文書館所蔵（漢数字をアラビア数字にし，旧

漢字は新字体に改めた。句読点とルビは補った）

8　鬱島郡守報告書（光武10年3月5日〔1906年3月29日〕）

本郡所属の独島が鬱島の外洋百里ほどにあるが，本月初の4日辰時［午前7-9時］頃，汽船
1隻が郡内の道洞浦に来泊した。日本の官人一行が郡庁舎に来て自ら言うところでは，独島
が今や日本領地になったので視察し次いで来島したと。その一行とは，日本の島根県所属隠
岐島司東文輔と事務官神西由太郎，税務監督局長吉田平吾，分署長警部影山岩八郎，巡査1人，
会議員1人，医師・技師各1人，その他随員十余人であった。まず戸数・人口・土地・生産の多
少を問い，次に人員と経費が幾許かなど諸般の事務を調査し，記録していった。ここに報告
し，照会されるよう要望する。

　光武十年　丙午　陰三月五日

（原文は宋炳基『鬱陵島と独島，その領有権検証』（歴史空間，2010年）p.257。訳文は著者に
よる。旧漢字は新字体に改めた。［　］内とルビは補った）

9　若干の外郭地域の日本からの政治上および行政上の分離に関する覚書

(Governmental and Administrative Separation of Certain Outlying Areas from Japan)（1946年1月29日　SCAPIN-No.677）

1　日本国外のすべて地域にたいし，またその地域にある政府官吏・職員その他すべての者
　に対して，政治上または行政上の権力を行使すること，および行使しようと企てることは
　すべて停止するよう日本帝国政府に指令する。

2　日本帝国政府は，すでに認可されている船舶の運航・通信・気象関係の日常の作業を除
　き，本司令部から認可のない限り，日本帝国外の政府官吏・職員その他すべての者との間
　に，いかなる目的でも通信を行うことはできない。

3　この指令の目的から日本と言う場合は次の定義による。日本の範囲に含まれる地域とし
　て

　　　日本の四主要島嶼（北海道・本州・四国・九州）と，対馬諸島・北緯30度以北の琉球（南
　　西）諸島（口之島を除く）を含む約1,000の隣接小島嶼。

　日本の範囲から除かれる地域として

　　（a）鬱陵島・竹島・済州島。（b）北緯30度以南の琉球（南西）諸島（口之島を含む），伊
　　豆南方・小笠原・硫黄群島，および大東群島・沖ノ鳥島・南鳥島・中ノ鳥島を含むその他の

外廓太平洋全諸島。(c) 千島列島・歯舞群島（水晶・勇留・秋勇留・志発・多楽島を含む）・色丹島。

4　さらに，日本帝国政府の政治・行政上の管轄権からとくに除外される地域は次の通りである。

　(a) 1914年の世界大戦以来，日本が委任統治その他の方法で，奪取又は占領した全太平洋諸島。(b) 満洲・台湾・澎湖列島。(c) 朝鮮。(d) 樺太。

5　この指令にある日本の定義は，とくに指定する場合以外，今後本司令部から発されるすべての指令・覚書・命令に適用される。

6　この指令中の条項はいずれも，ポツダム宣言の第8条にある小島嶼の最終的決定にかんする連合国側の政策を示すものと解釈してはならない。

原典：『日本占領及び管理重要文書集』第12巻24〜25頁，『GHQ司令部総集成』第3巻1026頁（訳文は筆者による。7・8項は省略した）

10　日本の漁業および捕鯨に認可された区域に関する覚書

(Area Authorized for Japanese Fishing and Whaling)

（1946年6月22日　SCAPIN-No.1033）

1　略

2　即日施行し，また追って通告あるまで，日本の漁業・捕鯨・同種の作業は，次に指定する範囲内において許可される。

　[北海道の周辺海域の緯度・経度につき省略]

3　上記第2項の許可は次の条項を条件とする。

　a. 日本の船舶は，嬬婦岩＊を除き，北緯30度以南にある認可区域内の島嶼のいずれについても12浬（マイル）以内に近付いてはならない。日本船舶の人員は嬬婦岩を除き，北緯30度以南にある島嶼に上陸してはならない。またこの島嶼の住人との接触も一切許されない。

　b. 日本船舶及びその乗員は，竹島（北緯37度15分・東経131度53分）から12浬（マイル）以内に近付いてはならない。またこの島と一切接触をもってはならない。

4　[略]

5　この許可は，関係の地域またはその他いかなる地域についても，日本国家の管轄権・国際境界線・漁業権についての最終決定にかんする連合国側の政策の表明ではない。

＊嬬婦岩（そうふがん）は伊豆諸島の南端，鳥島の南方にある無人の岩礁で，現在は東京都八丈支庁が管轄。

原典：『日本占領及び管理重要文書集』第12巻141〜142頁，『GHQ司令部総集成』第5巻2015頁（訳文は筆者による）

11　米国政府からの回答（「ラスク書簡」）(1951年8月10日)

Yang You Chan閣下

……合衆国政府は，1945年8月9日の日本によるポツダム宣言の受諾により，同宣言の対象となる地域について，日本が正式もしくは最終的に主権を放棄したという論理を，［サンフランシスコ］平和条約が採用すべきだとは考えていません。独島，もしくは竹島，リアンクール岩として知られる島については，われわれの情報によれば，平素は無人であるこの岩礁群はこれまで朝鮮の一部として取り扱われたことが決してなく，1905年頃から日本の島根県隠岐島庁の管轄下にありました。この島は，これまで韓国によって領有権の主張がなされたとは思われません。……

Dean Rusk

原典：*FRUS* 1951, Vol.VI, Part I, pp.1119-1120（訳文は著者による。［　］内は補った）

12　竹島／独島密約（復元メモ）(1965年1月11日頃と推定)

竹島・独島問題は，解決せざるをもって，解決したとみなす。したがって，条約では触れない。

（イ）両国とも自国の領土であると主張することを認め，同時にそれに反論することに異論はない。

（ロ）しかし，将来，漁業区域を設定する場合，双方とも竹島を自国領として線引きし，重なった部分は共同水域とする。

（ハ）韓国は現状を維持し，警備員の増強や施設の新設，増設を行わない。

（ニ）この合意は以後も引き継いでいく。

（ロー・ダニエル［2008］208頁より）

参考文献

網野義彦［2005］『日本の歴史をよみなおす（全）』ちくま学芸文庫

―――［2008］『「日本」とは何か（日本の歴史00）』講談社学術文庫

荒野泰典［2019］『「鎖国」を見直す』岩波現代文庫

蘭信三・川喜田敦子・松浦雄介編［2019］『引揚・追放・残留―戦後国際民族移動の比較研究』
　　名古屋大学出版会

池内敏［2012］『竹島問題とは何か』名古屋大学出版会

―――［2016］『竹島―もうひとつの日韓関係史』中公新書

石原俊［2007］『近代日本と小笠原諸島―移動民の島々と帝国』平凡社

岩下明裕［2005］『北方領土問題―4でも0でも，2でもなく』中公新書

―――［2013］『北方領土・竹島・尖閣，これが解決策』朝日新書

―――――編［2014］『領土という病―国境ナショナリズムへの処方箋』北海道大学出版会

太田修［2015］『日韓交渉―請求権問題の研究（新装新版）』クレイン

外務省編［2021］『われらの北方領土（2020年版）』外務省

川上健三［1996］『竹島の歴史地理学的研究（復刻版）』古今書院

菊池勇夫編［2003］『蝦夷島と北方世界（日本の時代史19）』吉川弘文館

木村幹［2010］「『日韓歴史共同研究』をどうするか―当事者的観察」『現代韓国朝鮮研究』
　　第10号

金学俊／保坂祐二監訳，李喜羅・小西直子訳［2013］『独島研究―韓日間論争の分析を通じ
　　た韓国領有権の再確認』論創社

金恩貞［2018］『日韓国交正常化交渉の政治史』千倉書房

坂元茂樹［2019］『日本の海洋政策と海洋法（増補第2版）』信山社

坂本悠一［2014］「竹島／独島領有権論争の研究史的検討と課題―戦後日本における近現代
　　史分野を中心に」『（立命館大学）社会システム研究』第29号

―――［2016］「近現代における竹島／独島領有問題の歴史的推移と展望―ナショナリズ
　　ム・グローバリズム・ローカリズムの交錯」『（立命館大学）社会システム研究』第32号

志位和夫［2012］『領土問題をどう解決するか―尖閣，竹島，千島』新日本出版社

塩出浩之［2014］「北海道・沖縄・小笠原諸島と近代日本―主権国家・属領統治・植民地主義」
　　『岩波講座　日本歴史15（近現代1）』岩波書店

下條正男［2004］『竹島は日韓どちらのものか』文春新書

島田征夫［2013］『開国後日本が受け入れた国際法―19世紀における慣習国際法の研究』成文堂

芹田健太郎［1999］『島の領有と経済水域の境界画定』東信堂

宋炳基／朴炳渉訳［2009］『欝陵島・独島（竹島）歴史研究』新幹社

第3期竹島問題研究会［2014］「竹島問題100問100答―日本人として知っておくべきわが国固有の領土」『Will（増刊号）』ワック出版

太壽堂鼎［1998］『領土帰属の国際法』東信堂

竹内猛［2010］『竹島＝独島問題「固有の領土」論の歴史的検討（前編）―江戸時代から明治時代まで』報光社

――――［2013］『竹島＝独島問題「固有の領土」論の歴史的検討（後編）―第二次世界大戦後の展開』報光社

竹田いさみ［2019］『海の地政学―覇権をめぐる400年史』中公新書

武光誠［2013］『国境の日本史』文春新書

崔喜植［2011］「韓日会談における独島領有権問題―韓国と日本外交文書に対する実証的分析」、李鍾元・木宮正史・浅間豊美編『歴史としての日韓国交正常化Ⅱ（脱植民地化編）』法政大学出版局

ディーナー・A・C, ヘーガン・J／川久保文紀訳［2015］『境界から世界を見る―ボーダースタディーズ入門』岩波書店

豊下楢彦［1992］『日本占領管理体制の成立―比較占領史序説』岩波書店

――――［2012］『「尖閣問題」とは何か』岩波現代文庫

豊見山和行編［2003］『琉球・沖縄史の世界（日本の時代史18）』吉川弘文館

内藤正中・朴炳渉［2007］『竹島＝独島論争―歴史資料から考える』新幹社

内藤正中・金柄烈［2007］『史的検証竹島・独島』岩波書店

名嘉憲夫［2013］『領土問題から「国境画定問題」へ―紛争解決論の視点から考える尖閣・竹島・北方四島』明石書店

西川長夫［1998］『国民国家論の射程―あるいは〈国民〉という怪物について』柏書房

西嶋定生［2002］『東アジア世界と冊封体制（西嶋定生東アジア史論集第3巻）』岩波書店

朴炳渉［2017］「独島領有権に対する近代国際法の適用問題―「広義の国際法」の観点から」『（嶺南大学校）獨島研究』No.23

――――［2018］「韓日両国の独島／竹島固有領土の争点」『（嶺南大学校）獨島研究』No.25

長谷川峻［1967］『山座圓次郎―大陸外交の先駆』時事通信社

羽場久美子［2013］「尖閣・竹島をめぐる『固有の領土』論の危うさ―ヨーロッパの国際政治から」『世界』第839号，岩波書店

濱田武士・佐々木貴文［2020］『漁業と国境』みすず書房

原貴美恵［2005］『サンフランシスコ平和条約の盲点―アジア太平洋地域の冷戦と「戦後未解決の諸問題」』渓水社

原暉之［2011］『日露戦争とサハリン島』北海道大学出版会

玄大松［2006］『領土ナショナリズムの誕生―「独島／竹島問題」の政治学』ミネルヴァ書房

平岡昭利［2012］『アホウドリと「帝国」日本の拡大―南洋の島々への進出から侵略へ』明石書店

藤井賢二［2018］『竹島問題の起原―戦後日韓海洋紛争史』ミネルヴァ書房

福原裕二［2013］『たけしまに暮らした日本人たち―韓国鬱陵島の近代史』風響社

許淑娟［2012］『領域権原論―領域支配の実効性と正当性』東京大学出版会

―――［2016］「実効支配とはなにか？―国家主権と実効支配の関係」，森川幸一・森肇志・岩月直樹・藤澤巌・北村朋史編『国際法で世界がわかる―ニュースを読み解く32講』岩波書店

堀和生［1987］「1905年日本の竹島領土編入」『朝鮮史研究会論文集』第24集

洪性徳・保坂祐二・朴三憲・呉江原・任徳淳／朴智泳監訳・韓春子訳［2015］『独島・鬱陵島の研究―歴史・考古・地理学的考察』明石書店

松竹伸幸［2011］『これならわかる日本の領土紛争』大月書店

百瀬孝［2010］『史料検証　日本の領土』河出書房新社

森田芳夫「日韓関係」，吉澤清次郎監修［1973］『日本外交史28（講和後の外交Ⅰ　対列国関係［上］）』鹿島研究所出版会

柳原正治［2019］『国際法（改訂版）』放送大学教育振興会

伝記編纂会（矢部貞治）編［1952］『近衛文麿（上・下）』弘文堂

吉澤文寿［2015］『日韓会談1965―戦後日韓関係の原点を検証する』高文研

ロー・ダニエル［2008］『竹島密約―The Takeshima Secret Pact』草思社

琉球新報・山陰中央新報［2015］『環りの海―竹島と尖閣　国境地域からの問い』岩波書店

和田春樹［2012］『領土問題をどう解決するか―対立から対話へ』平凡社新書

外務省『日本占領及び管理重要文書集』1949-51年（復刻版『日本占領重要文書』日本図書
　　センター，1989年）

竹前栄治監修『GHQ指令総集成』全15巻，エムティ出版，1994年

竹前栄治・中村隆英監修『GHQ日本占領史』全56巻，日本図書センター，1996-2000年

外務省『日本外交文書（サンフランシスコ平和条約・対米交渉）』2007年

이진명（李鎭明）［2005改訂］"독도, 지리상의 재발견（独島，地理上の再発見）"삼인

이석우（李碩祐）［2006］編 "대일 강화조약 자료집（対日講和条約資料集）"동북아역가재단（東
　　北亜歴史財団）

이석우（李碩祐）［2007］"동아시아의 영토봉쟁과 국제밥（東アジアの領土紛争と国際法）"집문
　　당（集文堂）

박홍갑（朴洪甲）・박진희（朴鎭季）［2008］編 "독도자료（独島資料）"국사편잔위훠위（国史
　　編纂委員会）

정병준（鄭秉俊）［2010］"독도（独島）1947 : 전후독도문제와・한・미・일관계（戦後独島問題
　　と韓・米・日関係）"돌배개

송병기（宋炳基）［2010］"울릉도와독도, 그역사적검증（鬱陵島と独島，その歴史的検証）"역사
　　공간（歴史空間）

한국해양수산개발원（韓国海洋水産開発院）［2011］編 "독도사전（独島事典）"한국해양수산개
　　발원（韓国海洋水産開発院）

"Oppenheim's International Law" 1905〜2015

Robert Jennings, Arthur Watts ed. ［1992］"Oppenheim's International Law" 9th ed.
　　Vol. I. Peace. parts 2-4 (Longman Group, U.K.)

"Foreign Relations of United States (FRUS)" 1945-51

図表出典

図1　外務省HP参考

　　https://www.mofa.go.jp/mofaj/area/takeshima/index.html

図2　写真提供：共同通信社

図3　著者所蔵

図4　著者撮影（2018年9月12日）

図5　写真提供：朝日新聞社／撮影：東亜日報

図6　サムエル・カスール『アフリカ大陸歴史地図』東洋書林，2002年，123頁

図7　海上保安庁HP参考

　　https://www1.kaiho.mlit.go.jp/JODC/ryokai/ryokai_setsuzoku.html

図8　イアン・バーンズほか『ヨーロッパ大陸歴史地図』東洋書林，2001年，113頁

図9　亀井高孝ほか編『標準世界史地図』吉川弘文館，1996年，44頁

図10　亀井高孝ほか編『標準世界史地図』吉川弘文館，1996年，51頁

図11　『世界史アトラス』集英社，2001年，209頁

図12　編集部作成

図13　児玉幸多ほか編『標準日本史地図』吉川弘文館，1993年，7・11頁

図14　児玉幸多ほか編『標準日本史地図』吉川弘文館，1993年，24頁，参考

図15　荒野泰典『江戸幕府と東アジア』吉川弘文館，2003年，161頁

図16　児玉幸多ほか編『標準日本史地図』吉川弘文館，1993年，33頁

図17　編集部作成

表1　著者の資料をもとに編集部作成

図18　イアン・バーンズほか『アジア大陸歴史地図』東洋書林，2001年，114〜115頁

図19　亀井高孝ほか編『標準世界史地図』吉川弘文館，1996年，56頁／別冊「宝島」第
　　2211号『大きな地図で読み解く太平洋戦争のすべて』2014年，56〜57頁　参考

図20　編集部作成

表2　竹内猛『竹島＝独島問題「固有の領土」論の歴史的検討（前編）』報光社，2010年，72
　　頁

表3　李碩祐"東アジアの領土紛争と国際法"，集文堂，2007年，p.176，表2を加工して著者
　　が作成。

図21　吉澤清次郎監修『日本外交史28』鹿島研究所出版会，1973年，57頁

著者

坂 本 悠 一
さかもと　ゆういち

1947年生まれ。大阪経済大学大学院経済学研究科博士課程単位取得退学後，京都大学研修員，東京農業大学・九州国際大学の各教員を経て，2017年から立命館大学コリア研究センター上席研究員。近代日朝関係史を中心に様々なテーマを研究。高等学校で「日本史」と「世界史」の非常勤講師を勤め，大学入試センター試験「日本史」の出題委員として問題を作成した経験もある。

主要著書

『北九州市産業史』（共編著，北九州市，1999年）

『近代植民都市釜山』（共著，桜井書店，2007年）

『帝国支配の最前線（地域のなかの軍隊7）』（編著，吉川弘文館，2015年）など。

編 集 委 員

歴史総合パートナーズ⑮

歴史からひもとく竹島／独島領有権問題—その解決への道のり—

定価はスリップに表示

2021年 8 月 12 日　　初　版　第 1 刷発行

著　者　　坂本　悠一
発行者　　野村　久一郎
印刷所　　法規書籍印刷株式会社
発行所　　株式会社　清水書院
　　　　　〒102-0072
　　　　　東京都千代田区飯田橋3-11-6
　　　　　電話　03-5213-7151(代)
　　　　　FAX　03-5213-7160
　　　　　http://www.shimizushoin.co.jp

カバー・本文基本デザイン／タクティクス株式会社／株式会社ベルズ
乱丁・落丁本はお取り替えします。　　　　ISBN978-4-389-50136-5

歴史総合パートナーズ

以下続刊